Karl Marx
O APANHADOR DE SINAIS

Karl Marx
O APANHADOR DE SINAIS

Horacio González

editora brasiliense

Copyright © by Horacio González
Nenhuma parte desta publicação pode ser gravada, armazenada em sistemas eletrônicos, fotocopiada, reproduzida por meios mecânicos ou outros quaisquer sem autorização prévia da editora.

Primeira edição, 1984
Segunda edição, 1987
2ª reimpressão, 2004

Revisão: Breatrís C. Siqueira Abrão
Diagramação: Moema Cavalcanti
Caricatura: Emilio Damiani
Copidesque: Suely Bastos
Capa: Patricia Buglian
Foto de Capa: Agência France Presse

Dados Internacionais de Catalogação na Publicação (CIP)
(Câmara Brasileira do Livro, SP, Brasil)

González, Horacio.
  Karl Marx : O apanhador de sinais / Horacio González. – São Paulo : Brasiliense, 2004. – (Coleção encanto radical ; 63)

  2ª reimpr. da 2. ed. de 1987.
  ISBN 85-11-03063-8

  1. Economistas - Biografia 2. Marx, Karl, 1818 - 1883
I. Título. II. Série.

04-6210   CDD-335.4392

Índice para catálogo sistemático:
1. Economistas : Biografia   335.4392

editora brasiliense
Rua Airi, 22 – Tatuapé – CEP 03310-010 – São Paulo – SP
Fone/Fax: (0xx11) 6198-1488
E-mail: brasilienseedit@uol.com.br
www.editorabrasiliense.com.br

livraria brasiliense
Rua Emilia Marengo, 216 – Tatuapé
CEP 03336-000 – São Paulo – SP – Fone/Fax (0xx11) 6675-0188

SUMÁRIO

Os prefácios 9

Capítulo 1
A disciplina secundária 11

Capítulo 2
O difícil transe 20

Capítulo 3
O assédio da dúvida 32

Capítulo 4
O canto dos galos 44

Capítulo 5
A crítica dos ratos 50

Capítulo 6
Trabalhos dispersos 60

Capítulo 7
Amoladores de facas 72

Capítulo 8
Sinais no patíbulo 81

Capítulo 9
Cachorro morto 94

Capítulo 10
Estranguladores de Londres 103

Capítulo 11
O manto sagrado de Trèves 111

Indicações para leitura 118

Cronologia 122

Quanto aos homens que aqui devo abandonar, a separação de Heine é para mim a mais desagradável. Gostaria de o levar na bagagem.

(Karl Marx, 1844, em Paris)

Contra o parecer de toda a Alemanha e de todas as universidades do orbe, direi que Heine é, para mim, o primeiro poeta alemão...

(Jorge Luis Borges, 1983, em Buenos Aires)

AS LEITURAS DE KARL MARX, ANO 1844

Sem lágrimas em teares que tremem
tecemos e batemos os dentes.
Alemanha, tecemos nesta ocasião
aqui a tua mortalha e a tríplice maldição
Tecemos. Tecemos.

Maldição ao Deus falso, ao qual rezamos
enquanto o frio e a fome agüentamos.
Em vão confiamos e esperamos;
tem fraudado, mentido e enganado.
Tecemos. Tecemos.

Maldição ao rei o rei dos ricos,
o monstro que traga os peixes pequenos;
que nos oprime, explora e tonsura
e, como aos cães, nos fuzila.
Tecemos. Tecemos.

AS LEITURAS DE KARL MARX, ANO 1844

Maldição à Pátria falsa e funesta,
que só à vergonha se presta,
que a toda flor precocemente esmaga,
e ao verme alimenta em podridão nefasta.
Tecemos. Tecemos.

Voa a lançadeira e treme o tear.
Tecemos com dedicação sem cessar.
Alemanha de ontem, nesta ocasião,
eis a tua mortalha e a tríplice maldição.
Tecemos. Tecemos.

(Heinrich Heine, *Tecelões da Silésia*, 1844)

OS PREFÁCIOS

> *O primeiro trabalho que empreendi para resolver a dúvida que me assediava...*
>
> (K. Marx, *Prefácio de 1859*)

Quando em 1859 Marx publica a *Contribuição à Crítica da Economia Política*, sente a necessidade de traçar sua biografia intelectual. No Prefácio desse livro decide então resumir os resultados gerais de suas investigações.

Marx está com 40 anos. Há quase dez vive na relativa tranqüilidade da Londres industrial. Situação propícia para um balanço.

Mas, no *Prefácio de 1859* — assim o chamaremos de ora em diante —, mais interessante do que o resumo das conclusões teóricas de Marx, feitas por ele próprio, é a rara oportunidade de ver como ele relata os diversos momentos de seu desenvolvimento intelectual.

Com este excepcional e bem conhecido documento

nas mãos, vamos seguir passo a passo o roteiro da formação teórica de Marx, tal como ele mesmo o elaborou.

Não é esse o único Prefácio que nos interessa. O Prefácio à 2ª edição de *O Capital*, escrito em 1873, em Londres, é um outro documento de grande importância. É quase um equivalente autobiográfico do *Prefácio de 1859*, no que diz respeito a como o próprio Marx julgava sua formação filosófica.

Não temos nada semelhante, escrito de seu próprio punho, sobre a sua participação e militância política. É que excepcionalmente Marx fala de si em seus documentos públicos. Mas quando neles está próximo à autobiografia, não podemos desdenhar o que Marx diz sobre Marx. Aproveitar tão preciosas informações e permitir que surja uma dúvida — o quanto Marx se aproxima de Marx quando fala de si próprio — são os motivos deste livro.

CAPÍTULO 1

A DISCIPLINA SECUNDÁRIA

> *Os meus estudos profissionais eram os de Jurisprudência, com que, todavia, só me preocupei como disciplina secundária, ao lado de Filosofia e História.*
>
> (K. Marx, *Prefácio de 1859*)

Que a Jurisprudência, muito cedo, não teve as preferências do jovem Doutor Karl Marx, foi um fato de significação dramática muito maior do que ele próprio dá a entender quando diz que dedicou-se a ela "como disciplina secundária". Foi uma verdadeira batalha no lar dos Marx, a questão da vocação de Karl. Os cimentos ideológicos de uma cuidadosa e sensível estratégia elaborada pelo Doutor Heinrich Marx, o pai, dependiam quase exclusivamente de Karl para vingar.

Para Heinrich Marx não tinha sido nada fácil deixar de se chamar Hirschel e adotar o nome Heinrich. Era um ritual de conversão juridicamente permitido pelas leis prussianas, que exigiam previamente uma mudança de identidade religiosa. Não deve ter sido cômodo para Hirschel assumir o rito evangélico. Seu irmão Samuel, ao invés, tornou-se rabino, como todos os seus antepassados imediatos. Henriette, a esposa, também era filha de rabinos.

Mas não se pode dizer também que faltassem argumentos a Hirschel perante o tribunal familiar. Desde 1827 o Estado prussiano proibia por lei o acesso dos judeus à administração e a qualquer função que exigisse contato com órgãos públicos. O que deveria fazer o advogado Hirschel? Mudar de nome e de regilião!

Assim, Hirschel transpôs fronteiras ancestrais, abandonou raízes antigas. Era agora um iniciador de linhagens. Seus filhos, particularmente Karl, compreenderiam isso? Compreenderiam em nome do que tinha realizado sua conversão? No sentido mais profundo, em nome da administração. Em nome de uma nova seqüência de sua história familiar, que deveria daí para frente ser escrita visando tornar seus herdeiros funcionários talentosos e eficientes da carreira administrativa do Estado prussiano.

O Doutor Heinrich Marx não era, todavia, uma pessoa acanhada. Nem um temperamento burocrático. Homem realista — "alimentemos bem o corpo e o espírito", escreve a Karl —, passava longas horas em sua biblioteca lendo Kant. Era um deísta. Há Deus. Mas não há Revelação nem importam igrejas. Agia apenas considerando que o que era bom para ele devia ser ao mesmo tempo lei universal: o imperativo categórico de Emmanuel Kant. Assim tinha educado os filhos. Batizados no rito evangélico, sim. Exigência administrativa. Mas, no lar, nunca se enfatizariam práticas devocionais.

Não faltava, ao espírito de Heinrich, uma boa dose de bom humor. Quando Karl lhe escreveu de Bonn — foi lá que fez os primeiros anos da carreira de Direito — que cogitava dedicar-se à crítica teatral, levou tudo na brincadeira. Mas também, homem tolerante, dispôs-se a influir mas sem tolher bruscamente nada do que saísse da vontade íntima de seu filho preferido. Apenas comentou, não sem mordacidade — mas esse era seu estilo —, que Karl fazia muito bem em ler o *Laocoonte* de Lessing, obra mestra. Devia cuidar apenas em não se tornar um pobre bibliotecário, como tinha sido o caso de Lessing.

Mas, para Heinrich, era evidente que o conflito vocacional de Karl era entre o Direito, a Filosofia e a Arte. (No *Prefácio de 1859* Marx não menciona esta última possibilidade. Contudo, ele é omisso, nas suas lembranças, pois ela existia de modo bem marcante.) Mas isso não deveria originar problema algum. O melhor seria mesmo a carreira administrativa, porque ela daria vazão ao temperamento artístico de Karl. Combinava melhor um alto funcionário ministerial que gostasse (ou praticasse) da lírica do que a lírica coexistindo com o ofício de um advogado ou um juiz. Poeta, pensava Heinrich Marx, Karl não seria. Suas poesias não permitiam equívoco a esse respeito. Eram exercícios decididamente precários, rotinas adolescentes.

Entretanto, várias coisas o irritavam nesse filho que com tanta habilidade comentava Hegel, Lessing e Winckelmann (os dois últimos, os pais da reflexão estética alemã do século XVIII e cuja influência tinha atravessado o novo século). Irritação suave, sutis incômodos de quem acreditava no imperativo categórico kantiano. Heinrich nunca deixou de advertir Karl sobre as conseqüências do que parecia ser uma permanente vagabundagem pelos diferentes domínios da ciência. E também sobre seu aspecto desleixado, sobre sua evidente preferência por enclausurar-se em uma habitação sórdida (pensões de Berlim, onde Karl completou os estudos jurídicos), privando-se do convívio mundano. Se esses traços perdurassem, então se poderia considerar ameaçado o perfil ideal de um funcionário ministerial. Além do que essa estada em Berlim, discutindo o espólio filosófico de Hegel — reunidos os jovens catedráticos e *privat-dozents* em um Clube de Doutores —, saía cara para a família, que o sustentava.

Foi contemporânea destas preocupações do velho Heinrich Marx uma bem conhecida carta de Karl escrita em Berlim, em novembro de 1837. Nela, anunciava rumos; traçava roteiros. Dizia o que Heinrich já sabia: *sinto o impulso de me medir com a filosofia... não é de nenhum modo possível seguir sem a filosofia.*

Nessa carta se lê também esta confissão: *liguei-me cada vez mais estreitamente à moderna filosofia do mundo, da qual pensava poder escapar.* A "moderna filosofia do mundo": Hegel. Com essa luta para "poder escapar", Karl estava anunciando — tinha 19 anos — um combate que, com diferentes nuanças e resultados, iria se estender ao longo de toda a sua vida.

Eis outra das reflexões que papai Marx teve de ler: *o próprio objeto deve ser estudado em seu desenvolvimento.* É impossível que o paternal Heinrich Marx não pensasse que nessa frase estava agindo a poderosa paternidade filosófica de Hegel sobre seu filho Karl. A vida, para Karl, era a expressão de uma atividade intelectual única que se manifestava em todas as direções da realidade: a ciência, a arte e as relações privadas. Não é difícil imaginá-lo no Clube dos Doutores de Berlim pronunciando esses raciocínios lapidados por um Hegel que tinha falecido apenas seis anos antes.

Parecia evidente que Karl escolheria a Filosofia, ou melhor, a Filosofia do Direito. Enfatizando o quê? Filosofia ou Direito? De qualquer modo, esse conflito, que sempre podia resolver-se com um *juste-milieu*, era bem mais tolerável do que o conflito que ele, Heinrich, teve de suportar. Não entre duas ciências, mas entre duas religiões. Mas essas eram verdadeiras escolhas, o que não acontecia com as que agora evidenciavam-se nas universidades. Nela, todos falavam mal de Frederico Guilherme III, rei da Prússia. Por que não lembravam os tempos do déspota Napoleão? Ainda bem que a Prússia tinha triunfado sobre o aventureiro corso! Não percebiam os jovens que agora, no reino da Prússia, qualquer um tinha liberdade para escrever ou dizer o que bem quisesse?

O Doutor Heinrich Marx não teve chance de ver como Karl concretizaria seu roteiro intelectual (e inclusive como, cinco anos depois, não era qualquer um que tinha liberdade para escrever). Morreu em 1838, pouco depois de ler essa carta definitiva de Karl. Não podia suspeitar até que ponto seu filho manteria pelo menos uma fidelidade: a convicção antinapoleônica. E, como depois veremos, Karl Marx não deixou de pensar no que para ele eram os remotos tempos em sua cidadezinha natal — Trier — quando escreve *O Dezoito Brumário* em 1852, seu *pamphlet* contra o outro Napoleão, contemporâneo seu, Luís Napoleão Bonaparte III.

O drama vocacional de Karl Marx ocorria em Berlim e repercutia em Trier, na casa de seus pais, na Rua da Ponte. Cidade pequena, ainda com monumentos de seu passado romano (o passado romano: outro dos temas de *O Dezoito Brumário*, e não por casualidade), quando seu nome era *Augusta Treverorum*. Cidade fronteiriça, à beira do Mosela, Napoleão a ocupara durante a guerra.

Mas, por ora, o fantasma napoleônico agia apenas no temor de Heinrich. Não era tema para Karl. Ele estava ocupado em converter a "ciência administrativa", isto é, o Direito, sua "disciplina secundária", pelo menos à mesma altura em que se encontravam suas preocupações filosóficas e históricas, como diria vinte anos depois no *Prefácio de 1859*.

Nesse mesmo *Prefácio*, vejamos este famoso fragmento. *Ao chegar a uma determinada fase de desenvolvimento, as forças produtivas materiais da sociedade se chocam com as relações de produção existentes, ou, o que não é senão sua expressão jurídica, com as relações de propriedade dentro das quais se desenvolveram até então. De formas de desenvolvimento das forças produtivas, estas relações se convertem em obstáculos a elas.*

As forças produtivas se chocam com as relações de produção! É uma das grandes chaves com que Marx interpreta o processo histórico: a energia produtiva da humanidade contra os sistemas de classe. Mas o que nos interessa aqui é o que se afirma a respeito das relações de propriedade em uma sociedade histórica. Elas são "expressão jurídica" das relações de produção, que imobilizam os homens em classes. No imediato do conflito social, é contra essas relações que se "chocam" as forças produtivas.

Que importância poderia ter este fragmento numa biografia intelectual de Karl Marx? Habitualmente, o comentário que se faz deste trecho é para lembrar um Marx que comunica um aspecto fundamental de sua teoria com singular didatismo. Mas observemos este mesmo trecho em suas conseqüências biográficas.

Podemos pensá-lo assim. Marx fez sua aventura intelectual, seu itinerário educativo, indo das Ciências Jurídicas para a Economia Política. Isto é, uma viagem desde a ciência que estuda o significado jurídico de qualquer relação social, para a ciência que estuda como as forças produtivas estão associadas a determinadas relações de propriedade.

Nessa viagem, encontrou a ciência que demonstra que as relações jurídicas nada explicam por si mesmas, e que estas devem ser explicadas pelas relações sociais. Portanto, se a "viagem de ida" de Marx foi das Ciências Jurídicas para a Economia Política, a explicação científica percorreria o caminho contrário: o "ser social", o conjunto de forças produtivas e relações de propriedade de uma sociedade, é que explicaria o jurídico.

Dizer sua biografia (o caminho de suas descobertas), para Marx, era assim dizer o caminho contrário ao que deveria percorrer a ciência.

E, também, dizer sua biografia intelectual supunha tocar implicitamente nos pontos críticos que, duas décadas antes, tinham sido os temas de sua batalha vocacional. Ela foi travada numa queda-de-braço afetuosa, porém drástica, com Heinrich, seu pai. Heinrich Marx rompeu uma linhagem intelectual rabínica, para iniciar uma outra história familiar, com vocações profissionais desenvolvidas à luz do Estado prussiano. Karl Marx, natural destinatário dos esforços, esperanças e manobras espirituais de Heinrich—Hirschel Marx, recusaria, passo a passo, esse modesto legado de adaptações com a realidade. E também romperia com Trier. Com os anos, tudo o que se referisse à sua cidade lhe evocaria o peso irritante de um clericalismo que ele considerava a rede invisível a aprisionar sua família. E aquele iluminismo, aquele elegante deísmo de seu pai? Não era para levar a sério. E se fosse para se deter nas recordações de Trier, melhor fazê-lo através de uma pequena lembrança sentimental: a imagem do lépido Karl a atravessar todas as tardes os poucos quarteirões que separavam sua casa, na Rua da Ponte, da casa do Barão von Westphalen, na Rua dos Romanos. Lá, Karl escutava o velho Ludwig von Westphalen pontificar sobre Homero e Shakespeare e olhava para Jenny, a filha do barão, completamente enamorado.

CAPÍTULO 2

O DIFÍCIL TRANSE

Em 1842-43, como redator da Gazeta Renana, *vi-me pela primeira vez no difícil transe de ter que opinar sobre os chamados interesses materiais.*
(K. Marx, *Prefácio de 1859*)

O Barão von Westphalen tem uma família de debatedores, escreveu Heinrich Marx a seu filho Karl. Além disso, Jenny von Westphalen gosta de se envolver numa atmosfera de mistério. Eram frases tranqüilizadoras destinadas a um preocupado Karl. Jenny, com quem estava em noivado "clandestino" desde 1836, tinha decidido suspender a correspondência Trier—Berlim, onde Karl continuava seus estudos jurídicos. Mas o velho Heinrich não se equivocava ao supor que era apenas a estratégia de uma jovem que ensaiava um romântico protesto diante da ausência de Karl. Ela tinha 22 anos, ele 18. Heinrich Marx negou-se a servir de intermediário, como pedia Karl, e prognosticou, com intuição certeira: "Jenny pode ser caprichosa, mas podes estar seguro que nem um príncipe poderá distraí-la de ti".

Quando a correspondência começou novamente a fluir, Karl ensaiou as derradeiras habilidades daquele veio poético que — Heinrich não se equivocara — não voltaria a ser convocado no futuro. *Ao ficar profundamente ligado a ti / meu olhar tornou-se claro / assim descobrindo / o que era apenas um obscuro desejo / Aquilo que meu espírito estava destinado / a não conseguir / entrou livremente em meu coração / enviado por teu olhar.* Era, pode-se dizer, a expressão poética da idéia de que o olhar tem primazia sobre a consciência.

Karl Marx e Jenny casaram-se na cidade de Kreuznach, em 1843, depois de sete anos de um noivado que no início não foi aprovado pelo barão. Mas o "plebeu" Karl conseguiu talentosamente tomar-lhe a filha. Na sua tese de doutoramento — *Diferenças da Filosofia da Natureza em Demócrito e Epicuro* — Karl escreveu uma afetuosa dedicatória: era para Von Westphalen, embora, em outras oportunidades, tenha contemplado a família de Jenny — cujo irmão Edgar foi seu primeiro grande amigo — com julgamentos mais duros. "Família absorvida por um aristocratismo banal . . ."

Mas o casamento só seria possível depois de terminada a aventura jornalística na *Gazeta Renana*. Em 1842, com 24 anos, Karl Marx era o redator-chefe, contratado pelos liberais de Colônia. Iniciava-se no jornalismo de análise e combate. Era um advogado recém-formado, já lera toda a obra de Hegel e conhecia perfeitamente a idéia de natureza que tinham os gregos. Mas sua principal preocupação teórica era desentranhar a relação da filosofia com o mundo. Esta questão já se encontrava na tese de doutoramento e nunca o abandonaria. A filosofia busca sua realização no mundo e, nessa realização, se perde, se torna "mundana". Perde-se como reflexão, encontra-se como prática. Mas ao mesmo tempo, e pela mesma razão, a realidade se torna "filosófica". O pensamento é tão capaz de se resolver na ação, quanto o mundo de se resolver no reconhecimento dos sujeitos ativos que nele se constituem.

A filosofia tem-se perdido. Mas essa perda é a sua realização, pois cumpre sua missão de se entregar ao mundo. A filosofia desaparece só porque é capaz de se tornar prática. A ela sempre faltou o mundo, o universo prático e histórico. O mundo é o que a filosofia — o sentido das coisas — sempre precisou.

Este tema da "filosofia no mundo" vai acompanhar mais de quarenta anos de atividade de crítica, militância e reflexão de Karl Marx. Depois, o *mundo* ganharia uma definição mais apurada, e a *filosofia* adquiriria conotações de prática política. Mas os termos do problema — a realidade objetiva submetida à crítica da razão — nunca cederiam um palmo de terreno na atividade de Marx.

É com este tema na sua mala de viagem que Karl foi de Berlim a Colônia, para editar a *Gazeta Renana*. É aí que se verá em um "difícil transe" ...

Hans Wiethaus era o censor do Ministério Público, em Colônia. Modesto funcionário, entre suas atividades estava a de censurar a *Gazeta Renana*. O novo rei, Frederico Guilherme IV, aumentara o rigor com que se julgavam todas as publicações editadas no reino. Mas Wiethaus era tolerante com a *Gazeta*. É um homem digno, julga Marx. Deixara passar um artigo, redigido pelo redator-chefe, onde se tratava do problema dos camponeses que apanhavam lenha do chão. Todavia, a Dieta condenara essa inocente atividade como destruição furtiva das florestas. Os camponeses podiam ser condenados por roubo apenas por juntar do chão a madeira de que precisavam como combustível. Mas os camponeses faziam isso exercendo um direito consuetudinário. A lei da Dieta, raciocina Marx, em seu artigo, apenas defende os interesses materiais dos proprietários. É a manifestação de um Estado que ignora seu dever de representar toda a sociedade, que assume apenas a representação de interesses privados e particulares e abandona os interesses gerais da sociedade. Por outro lado, o Estado encampa interesses de uma camada privilegiada da população contra outra camada mais pobre.

Este é o Marx diante do "transe" de opinar sobre os "chamados interesses materiais", como diz no *Prefácio de 1859*. O Estado ainda era para ele uma realidade unificadora da sociedade, com a condição de representá-la em seus interesses gerais e não particulares. Esse "transe" foi sem dúvida difícil, e a breve frase de Marx no *Prefácio* ilustra muito bem este segmento de sua biografia intelectual. "Os chamados interesses materiais", diz. Tênue ironia que indica o desprezo com que a herança hegeliana, dominante nos círculos acadêmicos, interpretava o mundo dos interesses materiais. Era apenas um mundo de "necessidades", um mundo fundado na carência, no desejo.

Quando Marx escreveu o *Prefácio de 1859*, utilizou o tom pejorativo visando certamente os que pensavam os domínios da matéria através da "superioridade do espírito". Todavia, só ele podia saber quanto custava não olhar com desdém os "interesses materiais", quanto isso custava a todos aqueles jovens que se reuniam no Clube dos Doutores de Berlim, entre poderosos cigarros e generosas porções de pimentão, para discutir a *Lógica* de Hegel.

Entretanto, o "digno censor" Wiethaus ainda concordaria com a publicação de um outro artigo sobre "os chamados interesses materiais".

Nele, Marx demonstrava que a penosa situação em que se encontravam os vinhateiros do rio Mosela — situação, por sua vez, que conhecia bem de perto, pois também ele era filho desse rio — não se devia a "causas naturais" mas a causas que era necessário procurar na realidade social.

Estes artigos incomodavam os funcionários do rei. Afinal, o próprio Frederico Guilherme IV não dissera que "não devem existir certas folhas de papel entre o povo e o soberano"? Uma censura mais radical não demoraria a vir. Prevenido sobre isso, Marx escreveu que um movimento político podia ser censurado, mas não as idéias. Elas eram demônios que só se podiam submeter submetendo-se a elas. Pode-se ver aqui, de corpo inteiro, o Marx hegeliano do Clube dos Doutores, e muito menos o Marx que já tinha resolvido o "difícil transe" de opinar em matérias econômicas. Dizer que as idéias só são suprimidas quando elas mesmas são incorporadas por aqueles que querem suprimi-las, é uma versão apimentada do problema da "realização da filosofia no mundo". Da mesma forma, a censura só poderia suprimir as idéias quando a própria censura fosse suprimida pelas idéias. Ninguém abole idéias se não se submete a elas. Nada desaparece a não ser quando se "realiza no mundo". Inútil, pois, a censura. Mas dificilmente os cinzentos censores do rei — Wiethaus já tinha sido afastado — se mostrariam comovidos com essas complexidades filosóficas que Marx era capaz de enxergar na própria tarefa deles.

Por outro lado, o tratamento da questão da censura em termos da relação filosofia e mundo não conseguiria evitar algumas dificuldades da argumentação de Marx. Ele escreverá, também na *Gazeta Renana*, que é ridículo suprimir idéias através da censura, pois as revoluções, quando eclodem, nunca são provocadas pela liberdade de imprensa. Seria como supor que o movimento dos astros é produzido pela luneta dos astrônomos.

Temos aqui o Marx que resolve a questão pensamento — mundo a favor do mundo, a favor de uma realidade que existe independentemente dos instrumentos com que ela é observada. Mas as idéias — também tinha dito Marx — eram "demônios" que desapareciam quando o mundo se deixava incorporar por elas. Aqui a mesma questão se resolvia em favor do peso das idéias.

É evidente então que Marx tinha duas visões de por que a censura era desnecessária. Primeiro, porque o mundo sempre se desenvolve independentemente das idéias, tal como os astros existem à margem do telescópio. As idéias importam pouco. Se o processo real tem tal primazia... para que então a censura? E, segundo, porque — à diferença do anterior — as idéias apenas "desaparecem" quando o mundo as converte em sua própria realidade. Se as idéias só "acabam" quando se "realizam" no mundo... para que então a censura?

Este era o Marx que tinha lido Hegel "de cabo a rabo", como diz na carta ao pai. O Marx que tinha lutado para escapar da "moderna filosofia", mas que, ao invés de escapar, não fazia senão lutar dentro dela. Esta hesitação, finalmente, acabou por lhe desenvolver um agudo senso de ironia. Quem duvida mas permanece, o que é? Um irônico. Karl é isso, um homem que não quer acreditar em Hegel mas que fala a sua linguagem. É o mesmo Marx que, neste mesmo período da *Gazeta Renana*, observado por seu amigo Moses Hess (com quem depois brigaria), é julgado como a síntese de Rousseau, Voltaire, Lessing,

Heine e Hegel. Como um filósofo capaz de unir a argúcia mais cortante ao mais profundo rigor na análise.

A questão da censura da *Gazeta* mostrava em ação o Marx filósofo interpretar os dados políticos da realidade. No *Prefácio de 1859* ele nos diz que o "difícil transe" era ter que opinar sobre economia e interesses materiais pela primeira vez. Mas o transe de opinar sobre a censura não era menos difícil. Junto aos vinhateiros do Mosela e aos camponeses que colhiam lenha nas florestas, aprendera que o mundo material não só não era uma forma inferior da vida política do Estado, mas que influía decisivamente nas ações deste. Mas, ao combater politicamente os censores do rei, colocava-se numa crítica situação: ao falar de política, falava como filósofo, desautorizando a censura ora porque a realidade é poderosa, ora porque as idéias ninguém pode esmagar.

Indiferente a estas especulações, o novo censor, Von Gerlach, estava incumbido do fechamento do jornal. A *Gazeta Renana* tirava mais de 3 mil exemplares e os meios políticos que a financiavam optaram por limitar o horizonte crítico do jornal para adequá-lo às disposições da censura. Nesse caso, o vibrante jornalista-filósofo que redigia o jornal devia ser convencido a moderar seus editoriais e artigos. Seria isso possível?

Mas a *Gazeta Renana* foi proibida definitivamente em abril de 1843. Os censores do Estado prussiano acusam-na de propagar idéias vinculadas ao liberalismo francês. Diante disso, Marx ainda teve tempo de responder por escrito aos censores, afirmando que o jornal propagava realmente o liberalismo, mas o liberalismo alemão. Tinham pensado os censores o que isso significava? O liberalismo alemão colocaria a Prússia na vanguarda do desenvolvimento alemão. Marx pensava na unidade alemã dirigida pela Prússia. Assim também pensavam os financistas do jornal, embora sem o coroamento filosófico que Marx dava a essa proposta.

Entretanto, esta resposta, evidentemente feita em termos muito moderados — somos liberais e defendemos interesses das camadas despossuídas, não por hostilidade à Prússia, mas em seu benefício —, parecia um lance de astúcia do jovem polemista Karl Marx, para preservar a *Gazeta* da ordem de fechamento que pairava ameaçadoramente sobre ela. Mas não era só isso. Era também uma visão particularmente flexível das alianças com a burguesia liberal que deveriam ser feitas para unificar a Alemanha num sentido não absolutista.

No mesmo escrito dirigido ao Ministério Público, Marx insistia em que a *Gazeta Renana* significava de fato uma demonstração da superioridade da ciência da Alemanha do Norte sobre a ciência francesa. Qual seria a intenção de Marx ao fazer esta afirmação? Simples astúcia, tática de sobrevivência do jornal ou convicção muito firme sobre as respectivas "ciências" — a filosofia realizando-se no mundo — da Alemanha e da França? Muitos anos depois repetiria este conceito, embora não mais a serviço da unidade alemã sob a direção da Prússia (até porque, quando reitera essa mesma visão, em 1870, a Alemanha já estava unida pela classe dirigente prussiana, com a qual há muitos anos Marx já não tinha vinculações).

Mas o que pensava desses acontecimentos de 1843 em 1859, quando escreve o *Prefácio* com a sua autobiografia intelectual?

Naquele tempo, lembra, em que o bom desejo de "marchar na vanguarda" ocupava muitas vezes o lugar do conhecimento do assunto, fez-se ouvir na Gazeta Renana *um eco de fraco matiz filosófico do socialismo e comunismo francês. Eu me declarei contra essa remendagem, mas ao mesmo tempo (. . .) declarei francamente que os meus estudos feitos até então não me permitiam ousar qualquer julgamento sobre o conteúdo das correntes francesas.*

Desse modo, ao mesmo tempo que julgava o socialismo francês como uma impostura — se essa era sua opinião em 1843, não foi a mesma em 1844 —, ressalvava que ainda não tinha feito os estudos correspondentes para avaliá-lo rigorosamente. O Marx anti-utópico e o Marx que se pronuncia sobre a base do "conhecimento estrito da matéria" entrelaçam-se aqui. Escrito em 1859, este parágrafo torna verossímil o escrito do jovem Karl aos censores prussianos sobre a superioridade filosófica alemã em relação à filosofia francesa, vista como um vanguardismo estéril.

Entretanto, pode-se perguntar: Marx queria ou

não continuar com a responsabilidade política da *Gazeta*? Na época, fez tudo para que o jornal não fosse atingido pela ira dos funcionários prussianos. Tentou combater a censura demonstrando a relatividade filosófica desta. Mas, no *Prefácio de 1859*, diz: *Agarrei-me às ilusões dos gerentes da* Gazeta Renana, *que acreditavam que através de uma atitude mais vacilante do jornal conseguiriam anular a condenação de morte que fora decretada contra ele, para me retirar do cenário público para o gabinete de estudos*. Certamente, era "ilusão" pretender que o Estado continuasse tolerando o jornal opositor, mas de fato Marx tinha lutado para mantê-lo. Dezesseis anos depois interpreta toda esta situação como um bom pretexto para se retirar ao gabinete de estudos, abandonando a cena pública. É evidente que o *Prefácio de 1859* foi escrito para apresentar o livro que prefacia, a *Contribuição à Crítica da Economia Política*, para uma camada de leitores que desejava ter nas mãos um trabalho científico e não meras opiniões. Mas não é a única referência de Marx à política como uma realidade em fluxo capaz de interromper os estudos científicos. Desejava ou não desejava essas interrupções? Quando elas são mencionadas, porém, parecem um acidente que corta um itinerário intelectual já programado.

Em todo caso, quando a *Gazeta* foi finalmente proibida de sair por "falta de autorização prévia", Marx não perdeu o bom-humor. O argumento do censor não era verídico, pois a *Gazeta* tinha autorização. "O que é que não tem autorização para poder existir na Prússia... se até os cães precisam ser autorizados pela política para sair à rua?

Mas estava cansado, ou mais do que cansado, indignado. "É impossível respirar o ar prussiano", diz. E vai embora. Para Paris.

CAPÍTULO 3

O ASSÉDIO DA DÚVIDA

> *O primeiro trabalho que empreendi para resolver a dúvida que me assediava foi uma revisão crítica da filosofia do direito de Hegel...*
>
> (K. Marx, *Prefácio de 1859*)

Marx ainda não vê a França como uma espécie de Castelo de Elsinor, por cujos palcos políticos circulariam espectros com túnicas apodrecidas pelo tempo. Estamos em 1844, e Karl Marx é um emigrado a mais que chega da Alemanha para Paris, capital de utopias, lar dos socialismos.

Durante sua estada — menos de um ano, mas um período muito rico em acontecimentos — Marx publicou o único número da revista *Anais Franco-Alemães*, junto a Arnold Ruge. Ruge foi a primeira parceria teórica empreendida por Marx. Mas o parceiro perfeito ainda não aparecera, embora circulasse por perto. Paris, no entanto, propiciaria o encontro definitivo de Marx e Engels. Já se conheciam, apenas superficialmente. Mas como seria se Ruge tivesse dado certo como companheiro de teorias e afazeres políticos de Karl Marx, como amigo, conselheiro, confessor, auxiliar doméstico, intendente de despesas e empréstimos? É provável que hoje se dissesse "Marx e Ruge", tal como se diz "Marx e Engels".

Na França dos anos 40 estavam ativos Louis Blanc, Blanqui, Proudhon, Lamartine. Representavam o espírito socialista, entendido em suas mais diversas acepções utópicas ou astuciosas: como naturalismo, como industrialismo, como emancipação da mulher, como "novo cristianismo", como abolição de toda forma de propriedade...

Para os políticos alemães em Paris, entretanto, a idéia mais sedutora era a de uma junção entre a Alemanha das lutas filosóficas e a França das lutas sociais e políticas.

Heinrich Heine era um dos paladinos dessa idéia. Tinha sido membro da Jovem Alemanha, um grupo de escritores que almejava, ao mesmo tempo, preservar a identidade nacional e difundir o liberalismo. A Dieta alemã dissolveu o grupo em 1835 e Heine exilou-se em Paris. Foi, aí, um dos primeiros a anunciar o necessário casamento entre a filosofia alemã e o espírito emancipador francês.

Reconstruindo todos os temas anticristãos da Jovem Alemanha, Heine acreditava, como Ruge, que seria Paris a sede e o berço de uma nova Europa. Ser novo era ser sensual, pagão, helênico, hedonista. Nada de ascetismo, de cristianismo.

Considerava-se um "soldado na guerra da humani-

O ASSÉDIO DA DÚVIDA

A casa paterna, em Trier.

A moradia em Paris, Rua Vanneau,

KARL MARX

A moradia em Londres, Maitland Park.

A moradia em Bruxelas, Rua de Orléans, 42.

dade", este Heine que ama a Alemanha e que a amaldiçoa. Queria tecer mortalhas para a velha Alemanha, mas, exilado, evocava com saudade a fumaça de tabaco, o pão preto, as loiras filhas dos pregadores e o "Pai Reno".

Mas Paris era o local de uma Nova Renascença. Heine foi quem anteviu esse *leitmotiv* da geração de Ruge, Marx e Moses Hess (que, como vimos, considerava Marx herdeiro de Heine, Hegel e Rousseau). Mistura de poeta e jornalista, comentador ferino da atualidade cultural parisiense, Heine deixou a vasta lembrança de seus julgamentos sumários das figuras da época. Chateubriand era pateta, Lamartine corajoso, Victor Hugo, um falsário, inventado por Sainte-Beuve. E Balzac? Este sim, um grande patologista das almas.

Em *Germânia, Conto de Inverno*, escreveu que a terra pertencia aos franceses e aos russos, o mar aos ingleses, mas "no campo etéreo do sonho somos nós a reinar sem divisões". Nós: os alemães. Paris era o chão de uma revolução do espírito político. Mas sempre que fecundada por aqueles que reinavam no campo dos sonhos.

Arnold Ruge, à diferença de Heine, era decididamente um Jovem Hegeliano. Interpretava a arte como consciência superior de uma época e a literatura como a forma livre da sensibilidade política. A criação artística não era apenas companheira da revolução. Era *a* revolução, não no sentido romântico, mas da descoberta racional do desenvolvimento autônomo da sociedade e do homem. Mas coincidia com Heine na alquimia para a constituição dos novos tempos: a cidade francesa recebendo uma etérea injeção de ciência alemã. Marx vinha da vã tentativa de demonstrar aos funcionários do reino da Prússia uma outra tese: a do afastamento de caminhos entre a Alemanha e a França filosóficas. Em Paris, todavia, foi um entusiasta do cruzamento político-filosófico entre Alemanha e França. Daí o nome da revista teórica que Marx e Ruge dirigiram: *Anais Franco-Alemães*. Seria a expressão da aliança científica franco-alemã.

Esta frase, precisamente, foi utilizada pelo próprio Marx quando solicitou a participação na Revista de Ludwig Feuerbach, o porta-voz dos Jovens Hegelianos de esquerda. "O senhor foi o primeiro a exprimir a necessidade dessa aliança", tinha escrito Marx a um Feuerbach pouco disposto a participar da experiência. "É melhor a ação silenciosa, é melhor não proclamar os princípios na primeira investida", respondeu o autor da *Essência do Cristianismo*. Se as diferenças entre Marx e Feuerbach ainda não eram muitas, a cautela de um e o desejo de investidas, do outro, abriram uma brecha que nunca iria se fechar.

Ludwig Feuerbach, três anos antes deste intercâmbio de correspondência com Marx, publicara a *Essência do Cristianismo* para devolver à "essência do homem" os desejos e valores que, embora próprios do desenvolvimento da consciência humana, eram projetados e transpostos como virtudes divinas. Mas o céu era apenas uma criação complexa de uma forma alienada do espírito humano, que se expropriara essas potências criativas para atribuí-las aos deuses. A filosofia devia devolver o homem ao homem, fundando o humanismo e o materialismo ao mesmo tempo.

No mesmo sentido, David Friedrich Strauss abalara a teologia tradicional com seu livro *A Vida de Jesus*: devido à capacidade de o desenvolvimento histórico gerar mitos, um Jesus histórico foi substituído por um Jesus mítico. Dogmas evangélicos não eram mais o cárcere conceitual do processo histórico, mas eram explicados por este. Bruno Bauer encontrou assim as portas abertas para negar a existência histórica de Jesus. A esquerda dos Jovens Hegelianos tirara todas as conseqüências radicais da visão da história como processo que constantemente renova seu estoque de contradições, até encontrar seus protagonistas verdadeiramente humanos. Era a filosofia se tornando "mundo", a filosofia como "guia" da ação política. Frederico Guilherme IV, o rei da Prússia, se manteve atento ao conflito que opunha românticos e hegelianos de esquerda nas universidades. Censurou jornais, removeu professores e promoveu Schelling como chefe da escola, ao tentar construir uma trincheira filosófica contra o racionalismo anticristão e dialético dos veementes neo-hegelianos, a esquerda triunfante, pelo menos na universidade.

A Paris de 1844 foi o palco em que os Jovens Hegelianos tentaram a aliança com o socialismo francês. Eram filosoficamente vitoriosos na Alemanha e politicamente exilados na França. Nada melhor que um dos versos de Heine em *Os Tecelões*, poesia já célebre a partir do momento em que foi publicada, para identificar os horizontes do programa estético-político dos emigrados alemães na Paris de Luís Felipe de Orléans: "Velha Alemanha, tecemos a tua mortalha!"

Tecedores de mortalhas eram Heinrich Heine, Arnold Ruge e Karl Marx. Este tinha então 26 anos. Ruge era vários anos mais velho. Heine estava com 47 anos. A revista projetada, os *Anais Franco-Alemães*, da qual saiu um único número, tornou-se o desaguadouro natural dos jovens alemães que queriam desentranhar "os princípios que o mundo tinha desenvolvido em seu interior".

A revista apareceu no início de 1844. Nela, artigos de Marx sobre *A Questão Judaica* e uma *Introdução à Crítica da Filosofia do Direito de Hegel*, poemas de Heinrich Heine, de Georg Herwegh (o "poeta político" preferido de Ruge), de Engels, de Moses Hess, de Arnold Ruge. Os franceses, "coração do pensamento crítico", desistiram de complementar esse corpo da revolução, de que os alemães consideravam ser a cabeça.

Em *A Questão Judaica*, Marx afirmava que a burguesia tinha produzido a emancipação política. Era necessário ir mais além, produzir a emancipação humana. Os "direitos humanos" seriam assim desvendados como simples máscara jurídica da propriedade privada burguesa. Na *Introdução à Crítica da Filosofia do Direito de Hegel*, seu outro artigo, insistia no mesmo problema. A emancipação alemã não dependia da burguesia, que perdera sua chance de ter um "1789". Os arcaicos grilhões seriam quebrados por um novo "cérebro teórico", o proletariado, aliado à filosofia.

Desta forma, como na Alemanha estava ausente a emancipação efetivamente realizada pelos burgueses, a revolução seria ao mesmo tempo a emancipação do alemão (dos laços medievais de servidão) e a emancipação do homem (dos laços de submissão burguesa que, se bem dão direitos jurídicos formais, expropriam o homem "da essência do homem").

Para Marx, sua participação nos *Anais Franco-Alemães* significava o começo do trabalho destinado a "resolver a dúvida que me assediava". Isso é o que diz no *Prefácio de 1859*. Deixemos então que ele próprio, em sua autobiografia intelectual, nos diga qual era a dúvida e quais os remédios para conjurá-la. *O primeiro trabalho... foi uma revisão crítica da filosofia do direito de Hegel, trabalho este cuja introdução apareceu nos* Anais Franco-Alemães, *editados em Paris em 1844. Minha investigação desembocou no seguinte resultado: relações jurídicas, tais como formas de Estado, não podem ser compreendidas nem a partir de si mesmas, nem a partir do assim chamado desenvolvimento geral do espírito humano, mas, pelo contrário, elas se enraízam nas relações materiais de vida, cuja totalidade foi resumida por Hegel sob o nome de "sociedade civil", seguindo os ingleses e franceses do século XVIII; mas que a anatomia da sociedade burguesa deve ser procurada na Economia Política.*

Revisar Hegel. Era Hegel a dúvida que assediava Marx. Neste parágrafo do *Prefácio de 1859* já se encontra a "forma definitiva finalmente encontrada" que adquirirão as relações Hegel-Marx, tal como interpretadas pelo próprio Marx. "O assim chamado desenvolvimento geral do espírito humano" não explica a vida social. Estado, direito e instituições não são conceitos que vão pontuando a marcha de uma consciência que se movimenta a partir de suas próprias necessidades. Ao contrário, é o "espírito humano" — as relações políticas e jurídicas de qualquer ordem — que se enraíza na sociedade. O que é a sociedade? Em alemão, se diz da mesma forma "sociedade civil" e "sociedade burguesa": *bürgerliche Gesellschaft*. A sociedade é o que o próprio Hegel tinha definido, na *Filosofia do Direito*, como o espaço da realidade onde indivíduos privados exprimem suas necessidades e interesses, procurando satisfazê-los através de condutas econômicas. Até esse ano de 1859, em que Marx rememora sua formação intelectual no *Prefácio*, esta conceituação é mantida em sua originária significação hegeliana. O que muda é a ordem da explicação: é o desenvolvimento da sociedade burguesa que explica o Estado e não o Estado a sociedade burguesa. Não era, no sentido mais rigoroso do termo, uma ruptura com Hegel, mas uma recolocação numa ordem de determinações diferente dos mesmos conceitos da *Filosofia do*

Direito de Hegel.

Teriam sido suficientes estes elementos para produzir o abalo da relação Marx-Ruge? Não, quando se observa que a linguagem dos dois continuava a ser hegeliana. Sim, quando se observa que o reconhecimento da sociedade civil como o "lar" do conflito de classes levava Marx a conceber a revolução como "social" e não como "política". Ruge buscava permanentemente a "alma política" das situações de confronto. Marx, ao contrário, deslocou a teoria — como *crítica* da realidade — do político para o social. Assim, uma insurreição operária com emprego da violência (como aconteceu em 1844 entre os tecelões da Silésia) era para Ruge um acontecimento sem significação política, apenas revelador do desespero dos tecelões. Para Marx, nessa violência podia-se observar não uma manifestação irracional mas, ao contrário, uma verdadeira compreensão do sentido da história. Os tecelões estavam mais perto das teorias que diziam respeito à revolução do que Ruge.

Ao resolver as dúvidas que o assediavam, Marx não abandonou os termos do problema hegeliano: há relações éticas, jurídicas e políticas numa sociedade. E há vida social material, na qual os homens produzem suas condições de existência. A questão era: quais as relações determinantes? Bastava deslocar a determinação — isto é, a criação teórica e a responsabilidade política da ação — da consciência histórica genérica para a consciência proletária, que as divergências filosóficas não se fariam esperar. A amizade Marx-Ruge naufragou na interpretação filosófica de uma greve de tecelões alemães.

Eram esses tecelões da Silésia que faziam — na poesia de Heine — "voar a lançadeira", tecendo sem lágrimas o réquiem da Alemanha antiga.

CAPÍTULO 4

O CANTO DOS GALOS

Em meu peito, o coração alemão de repente ficou doente.
(Heinrich Heine, *Canção de Inverno*, 1844)

O dia da ressurreição alemã será anunciado pelo canto do galo francês.
(K. Marx, *Anais Franco-alemães*, 1844)

Os *Anais Franco-Alemães* tinham sua redação na Rua Vanneau 22, em Paris, domicílio de Marx. Lá ficaram a maioria dos pacotes da revista. É que seu público natural estava na Alemanha, mas o zelo da alfândega filosófica de Frederico Guilherme IV demonstrou-se efetivo na meticulosa tarefa de ir capturando um a um os exemplares enviados de Paris. Os que restaram, foram vendidos pessoalmente por Marx. Ele viera a Paris para publicar uma revista que falasse da emancipação do homem. E agora tinha de se sustentar com a venda avulsa dos números que ficaram em seu poder.

França e Alemanha... Nesta última estava a "cabeça filosófica" do plano revolucionário europeu. A "cabeça política" estava reservada ao proletariado francês. Todavia, qual era a "cabeça" que mereceria ser cingida com uma responsabilidade maior, ou pelo menos inicial, no chamado à revolução? Se acrescentarmos a "cabeça econômica", a cargo do proletariado inglês, pode-se perceber que Marx está manipulando um corpo revolucionário europeu de caráter tricéfalo. Três cabeças, três países, três proletariados, três formas do conhecimento: filosofia, política, economia... Em nenhum processo as "três cabeças" vão *pari passu*. Pelo menos uma dá o sinal de partida da revolução. Onde estaria este sinal? No país mais avançado filosoficamente? Ou no país mais avançado politicamente? Isto é, na Alemanha ou na França? Ao que parece, na França. Nos *Anais Franco-Alemães* lê-se que a cabeça da revolução é a filosofia. Mas que a revolução alemã (Alemanha: sede da filosofia) seria anunciada pelo galo gaulês (França: sede da política). Desta forma, Marx diferenciava revolução e sinal revolucionário. Este último poderia acontecer em qualquer lugar do sistema de nações modernas. Já veremos como, ao longo de toda a sua obra jornalística e teórica, Marx reconheceu o sinal revolucionário nos mais diversos lugares. O sinal revolucionário teria com a revolução em processo a mesma relação que as aparências ou o fenômeno têm com a regularidade das leis produtivas da sociedade.

Mas um sinal de outro caráter apareceu na vida de Marx, no final de 1844. Encontrou-se com Engels em Paris e combinaram trabalhar em comum. Já se conheciam da experiência da *Gazeta Renana* e Engels tinha colaborado com os *Anais*. Agora era o momento de fazer a "necrologia" da esquerda hegeliana, essa "Sagrada Família" do idealismo alemão... Era o momento de ajustar contas com Bruno Bauer e Max Stirner, principalmente. Mas também havia Feuerbach... não é que o materialismo dele não consegue captar a própria realidade como ação, como prática, como relação social?

Os Jovens Hegelianos, conforme Marx brincava, tanto acreditavam na *autoconsciência* e na revolução como categoria do espírito, que eram capazes de ver a autoconsciência decidindo o conflito de Oregon ou a questão das leis dos cereais na Inglaterra. A partir da compreensão da maçã como idéia, eles depois criavam a maçã como fruto natural. Assim zombava Marx dos Jovens Hegelianos. Todas estas ironias estariam presentes na *Ideologia Alemã*. *A Sagrada Família*, um pouco anterior, escrita principalmente por Marx, também estava repleta de vitríolo filosófico. Junto a um formidável acúmulo de sarcasmos, da *Sagrada Família* surgiu a confirmação do proletariado como agente objetivo da transformação revolucionária da humanidade. O proletariado se constituía no momento em que a humanidade percebia que nas condições de vida dessa classe radicalmente oprimida se resumiam todas as condições de vida possíveis do homem. Assim, suprimir as condições inumanas da vida social significava suprimir o proletariado como classe.

Idéias semelhantes, nessa mesma estada parisiense,

Marx esboçou nos manuscritos que redigiu em seus longos cadernos de anotações, no ano de 1844, conhecidos como *Manuscritos Econômico-Filosóficos de 1844* (publicados quase cem anos depois de escritos). Os fragmentos filosóficos desses manuscritos afirmavam que a propriedade privada origina a *alienação do trabalho*. O produto do trabalho tornava-se um "poder" independente do trabalhador, uma "força estranha". No regime de propriedade privada, a realidade do produtor e do produto se cindem, criando um ilusionismo coletivo. Com a força de imagens invertidas, que é a força da ideologia ou do senso comum dominantes, o produto assume as propriedades do verdadeiro sujeito. Entretanto, este — o produtor — perde sua liberdade espiritual, a energia física e a felicidade de se pertencer a si. A alienação do trabalho, então, estaria na atividade produtiva deformada pelo capitalismo através da apropriação privada (pelo capitalista) do próprio produto do trabalho.

Estes *Manuscritos*, redigidos na linguagem de Hegel e também de Ludwig Feuerbach, acentuavam que o ponto de partida do conhecimento estava na *ação real* e no *ser objetivo* das sociedades. A conseqüência da alienação do trabalho (a "perda da essência do homem") era a aparição de duas forças empíricas que enfrentavam ao mesmo tempo "suas potências espirituais": o capital e o trabalho.

Os *Manuscritos* eram notas de trabalho, artesanato de leitura, hipóteses para futuras elaborações mais rigorosas. Era assim que Marx trabalhava: tomando uma infinidade de notas e realizando extensos fichamentos de livros. Método próprio de quem queria dissipar as "dúvidas que o assediavam". Nas décadas seguintes, este "método de pesquisa" esteve permanentemente unido à atividade intelectual de Marx. Sem ele, *O Capital* não teria sido possível. Arnold Ruge, já rompido com Marx, dizia que Marx sempre queria escrever sobre o último livro que lia. Mas como continuava a ler sem parar, devia fazer novos extratos de leitura, incessantemente.

Despojada da ironia, esta frase de Ruge é verdadeira. Mas o irritado Ruge não atinou que esses "extratos de leitura" eram parte de um processo de pesquisas em laboratório — conforme dirá depois o próprio Marx — que devia ser acompanhado necessariamente de um "método de exposição" que, à diferença do método de pesquisa, pudesse reconstruir na escritura a forma em que a realidade compõe os movimentos de suas contradições.

No final do ano de 1844, Marx foi expulso da França, pela intervenção do embaixador prussiano junto ao primeiro-ministro Guizot. A expulsão não interrompeu nenhuma destas polêmicas, mas demonstrou que os organismos de segurança prussianos estavam de olho no filósofo cuja periculosidade parecia começar onde terminavam seus "extratos de leitura".

Com ele foi expulso Bakunin, com quem Marx tinha se encontrado em Paris, ocasião em que não houve briga. Esta deveria esperar ainda 25 anos para adquirir os perfis dramáticos que teve. Marx, Jenny e Jenny (esta última, a primogênita, nascida junto com os *Manuscritos*) foram para Bruxelas. Heine, também expulso da França, não teve que ir com eles. O poeta era muito conhecido e a opinião ilustrada francesa — a mesma que nem tinha registrado a aparição dos *Anais Franco-Alemães* fez campanha em favor do autor de *Os Tecelões da Silésia*. Portanto, Heine fica. Karl, vai. Para ele, essa nova estação belga é como um vácuo histórico. A Bélgica está fora dos itinerários filosóficos da revolução, que passam pela Alemanha, pela França ou pela Inglaterra. Em Bruxelas não cantavam os galos.

CAPÍTULO 5

A CRÍTICA DOS RATOS

> *Abandonamos o manuscrito à crítica roedora dos ratos, tanto mais a gosto quanto já havíamos atingido o fim principal: a compreensão de si mesmo.*
>
> (K. Marx, *Prefácio de 1859*)

Fevereiro de 1845, Marx em Bruxelas. Aí preparará a artilharia pesada contra P. J. Proudhon, com quem tinha discutido em Paris, mas conservando uma expectativa favorável para com o teórico autodidata francês. Afinal, então acreditava que o galo cantaria na Cidade-Luz. Por sua vez, os "heróis filosóficos" da esquerda hegeliana serão contemplados com pérolas de diabólica ironia em *A Ideologia Alemã*.

Com *A Ideologia Alemã* Marx e Engels queriam "acertar contas com nossa antiga consciência filosófica", isto é, com a herança de Hegel. O texto final é um festim para os espíritos galhofeiros. *A Ideologia Alemã* é um dos pontos altos da literatura polêmica do século XIX. A primeira parte (a que hoje se lê) não é a que tem maior interesse. Afirma-se nela que os homens são resultado do que produzem e do modo pelo qual o produzem. Essa é a "vida real", o ser dos homens, mas é próprio da "câmara obscura da ideologia" inverter essa realidade em favor da primazia da consciência. Mas é o intercâmbio social entre os homens que produz as formas de consciência e a linguagem, conforme cada fase do desenvolvimento das forças produtivas. O mundo sensível não seria assim resultado da *essência das coisas*, mas produto do desenvolvimento social e da indústria. Ludwig Feuerbach, ao contrário, entendia esse mundo sensível como um objeto inerte e exterior à consciência que o percebe.

Este é o tema das *Teses sobre Feuerbach*, escritas contemporaneamente a *A Ideologia Alemã* e encontradas por Engels junto aos manuscritos desta, pouco depois da morte de Marx. Nessas notas desenvolvidas às pressas, dirá Engels, temos o primeiro documento em que se fixou "a nova concepção do mundo".

Feuerbach é criticado porque seu *materialismo* não soube desenvolver "o lado ativo do conhecimento". O que era esse "lado ativo"? A prática social como crítica da realidade, o conhecimento como ação, a filosofia "realizada" no mundo. Ao não reconhecer a atividade humana como prática objetiva e como crítica efetiva da realidade, Feuerbach acabava separando *materialismo* e *história*. Isto é, acabava separando os objetos sensíveis materiais da sensibilidade incorporada na atividade humana. Em Feuerbach, o materialismo impedia a ação. Era necessário um materialismo que permitisse a ação, pensava Marx, e por isso a *ação* deve conter *conhecimento* assim como o conhecimento deve ter na ação seu "lado ativo".

Mas *A Ideologia Alemã* trata Feuerbach com grande respeito e o defende contra os ataques de Stirner e Bauer. Estes, além de "outros profetas do socialismo alemão", são os alvos das pesadas burlas de Marx (e de Engels).

A maior parte do manuscrito é decidada a eles, em um tom debochado e paródico, cuja leitura proporciona um modelo de permanente interesse sobre o uso radical dos mais vivos recursos polêmicos. Estes estão à altura do que de melhor a retórica política ou filosófica já inventou. Bruno Bauer é chamado de "São Bruno" e Max Stirner de "São Max", e suas proposições filosóficas são tratadas com jocoso desdém. Stirner também comparece a esta tragicomédia do pensamento idealista alemão com o apelido de "Sancho Panza". Aliás, toda *A Ideologia Alemã* tem um clima cervantesco, simulando um auto sacramental delirante, um *procès-verbal* escarnecedor e circense, uma ópera bufa que ironiza um concílio em que padres malucos se lançam a defender o Absoluto. O libelo, magnífico e injusto, não encontrou editor. Marx supôs, com justa razão, que os editores disponíveis boicotaram a obra. "Eles próprios são os representantes interessados de todas as tendências que eu ataco."

Mas, então, queria ou não queria editá-lo? No

Prefácio autobiográfico de 1859 está aquela frase: entregamos o manuscrito "à crítica roedora dos ratos" porque foi feito apenas para o nosso próprio esclarecimento. Este é o momento em que devemos examinar um pouco mais de perto a concepção que Marx tem de ciência.

O *Prefácio de 1859* tinha por objetivo demonstrar que as idéias de Marx eram fruto de "longos anos de conscienciosa investigação". Marx queria que esses anos de pesquisa e reflexão fossem resguardados de qualquer valoração política com que se pretendesse julgá-los. Aqui estão meus trabalhos... eles são produto de pesquisas longas e rigorosas. Isto nos diz Karl Marx. Esse caráter científico, acrescenta, eles não perderão, *seja qual for o juízo que mereçam, e por muito que se choquem com os preconceitos interessados das classes dominantes*.

E essa ciência surgia da "conscienciosa investigação" de um homem cuja trajetória era esboçada, por ele mesmo, nesse *Prefácio*. Mas a atitude de Marx não parece aqui defensiva? Os preconceituosos das classes dominantes, ele diz, podem pensar qualquer coisa, mas isto é uma ciência. Uma ciência segue sendo tal por mais que irrite os interesseiros e por mais que suas afirmações sejam submetidas a toda classe de discussões. E não é apesar disso mas precisamente por isso que continua a ser ciência.

Marx está dizendo, neste *Prefácio de 1859*, que a ciência não pertence ao âmbito de interesses de nenhuma classe social. As classes dominantes podem se irritar com a ciência, mas isso não quer dizer que ela surja no ambiente de desejos e preferências das classes dominadas.

Uma ciência está acima das paixões de uma sociedade em luta: é isso o que Marx expõe e defende. Se as conclusões dessa ciência *depois* podem intervir no conflito social em favor de interesses determinados, isso não quer dizer que ela tenha mais vinculação com a cena política do que com gabinetes de estudos.

O *Prefácio de 1859*, nos 40 anos de idade de Karl Marx, tem esse explícito propósito: separar o gabinete da luta política para que as lutas políticas possam contar *depois* com o auxílio da ciência produzida pelos estudiosos. Esse sentido é reafirmado na citação de Dante: "Convém deixar aqui todo preconceito, convém que se mate aqui qualquer medo". É a inscrição nas portas do inferno. Marx a utiliza para colocá-la nas portas da ciência.

Uma ciência relativamente autônoma do processo político é o que Marx apresenta no *Prefácio de 1859*. Ou, talvez defensivamente, uma biografia intelectual motivada pela busca do rigor a da verdade à margem das lutas sociais (e seus inevitáveis preconceitos). Marx dá como garantia de sua produção teórica o fato de que gabinete de estudos e sociedade em luta são duas situações diferentes do comportamento dos homens, que separam o sábio da política. Quando o sábio e a política depois se reencontram, não podem deixar de conservar as lembranças de suas diferentes origens: o saber e a luta. Isso está no *Prefácio de 1859*.

Mas, onde está aquele Marx que, desde sua mais remota juventude, quando estava em luta *contra* porém *dentro* da "moderna filosofia" (Hegel), dizia vez ou outra que era necessário *realizar* a filosofia? A filosofia tornada real dava outra feição à relação ciência—sociedade. *A teoria se tornava força material quando assumida pelas massas*, escrevera em 1844, nos *Anais Franco-Alemães*. As teorias existiam porque se conciliavam com o modo de existência da realidade. A realidade existia porque, estando em permanente processo, podia reconhecer-se como uma existência capaz de realizar as categorias teóricas do pensamento. Para que entre a teoria e o real existisse este regime de relações — de modo a permitir que as massas convertessem a filosofia em "força" — era preciso que o conhecimento fosse produzido pela mesma realidade sobre a qual ele se debruça para estudá-la. O conhecimento devia conter, como premissa de sua própria possibilidade, a certeza efetiva de ter sido produzido pelo "movimento da realidade". Neste tipo de conhecimento, não faria sentido a colocação da inscrição da *Divina Comédia*: Deixe-se todo preconceito antes de entrar... No *Prefácio de 1859*, a idéia de uma ciência sem preconceitos de classe é elaborada como cerne da procura autobiográfica de Marx, em contraste com uma ciência que "brotaria" do mesmo chão em que se situam as classes sociais modernas. *Os filósofos*

— escrevera porém em um dos artigos da *Gazeta Renana* — *não emergem da terra como os cogumelos... são o fruto de seu tempo. O mesmo espírito que constrói os sistemas filosóficos no cérebro dos filósofos constrói as ferrovias com as mãos dos trabalhadores.* Aqui, a ciência não "brotava" do gabinete. Era algo assim como uma ferrovia da consciência crítica.

E *A Ideologia Alemã*? Ela foi escrita para publicação! Não para os ratos. Na *Correspondência* de Marx estão as provas destes anseios: o livro deveria estar nas livrarias alemãs como "armas da crítica" contra os "padres conciliares" do idealismo alemão. Da mesma maneira, em um movimento complementar, o livro contra Proudhon deveria marchar para Paris. E o que aconteceu com *A Ideologia Alemã* quando aquela gráfica da Westfália não publicou "os dois grossos volumes *in octavo* do manuscrito"? Marx, o Marx de 1845, contemporâneo dos acontecimentos, colocou claramente a questão. Não foi publicado porque gráficas e livreiros eram aliados dessa "ideologia alemã" que se criticava com tanta crueza. Mas não é o que diz no *Prefácio de 1859*.

Em 1859 fala dos ratos. Foi com prazer, diz, que entregamos o manuscrito à "crítica roedora dos ratos", porque ele apenas tinha a missão de nos esclarecer. Diante desses ratos, tratava-se de "liquidar a consciência filosófica anterior". Aqui, a interpretação científica triunfa sobre a interpretação política. Mas para tanto devia omitir que *A Ideologia Alemã* era um livro de combate político, motivo pelo qual foi escrito.

Todavia, o livro contra Proudhon, que tinha o mesmo sentido de *A Ideologia Alemã*, não é considerado como um combate autocrítico com o próprio passado teórico de seu autor. A história desses dias o absorveu com eficácia. Para garantir esse efeito, foi escrito em francês.

Como vimos, Marx distinguia o método de pesquisa do método de exposição das "descobertas científicas". Mas existia também nele um método de polemizar adequado à envergadura do propósito almejado: demover simplórios e aventureiros, pobres-diabos que sonhavam com uma Icária de utopia, profetas ignorantes e autoridades que tentavam construir a Cidade Ideal.

O método para polemizar, em seu próprio brilho retórico, devia conter a passagem — na frase — do ideal para o real: das armas da crítica para a crítica das armas.

Este método estava fundado em reluzentes paradoxos verbais, em aforismos que permanentemente colocavam a matéria e o espírito contracenando na exposição, para demonstrar que o "espírito" estava "prenhe" de "matéria". "Não é a consciência do homem que determina o seu ser, mas seu ser social que determina a sua consciência."

Daí o prólogo de *Miséria da Filosofia*, o livro contra Proudhon: "O Senhor Proudhon tem a infelicidade de ser singularmente desconhecido na

Europa. Na França tem o direito de ser um mau economista porque passa por ser um bom filósofo alemão. Na Alemanha tem o direito de ser um mau filósofo porque passa por ser um dos mais vigorosos economistas franceses". E daí também o trocadilho do título, *Miséria da Filosofia*, respondendo ao livro de Proudhon, *Filosofia da Miséria*. Os elogios anteriores a Proudhon davam lugar à acusação de "pequeno-burguês".

Já não era suficiente ser um "pensador operário" pois o conhecimento científico não era um saber garantido por nenhuma origem social, mas pela efetiva descoberta de leis. No entanto, embora dissesse que o saber efetivo sobre a sociedade não surgia necessariamente das fileiras dos autodidatas operários — como Proudhon —, Marx ainda não tinha dado o passo de afirmar a relativa independência da ciência com relação às lutas sociais.

Proudhon leu e sublinhou o livro de Marx contra ele. A *Miséria da Filosofia* acusava Proudhon de desconhecer que as categorias econômicas são produto do desenvolvimento histórico das forças produtivas. A ciência, aqui, estava fundada nas próprias condições do movimento histórico. As categorias do pensamento eram produzidas pelos homens, assim como o pano, a seda e a gabardina.

Talvez P. J. Proudhon quisesse responder a Marx. O ataque deste era muito vigoroso, tanto quanto podia sê-lo quando Marx tentava "liquidar consciências filosóficas", a sua própria do passado ou a dos "vacilantes" teóricos do movimento operário francês. Embora Proudhon fosse a grande figura dos meios operários na França e Marx um desconhecido em Paris, o desafio que vinha de Bruxelas era incisivo. Mas a resposta de Proudhon nunca veio. De Proudhon contestando Marx há apenas uma carta anterior à *Miséria da Filosofia*, sugerindo que Marx, qual novo Lutero, estava criando uma nova intolerância.

Em *A Ideologia Alemã* uma das "vítimas" é Max Stirner, o autor de *O Único*, apologia da consciência "isolada e esplêndida" do homem como recriador do Universo. Não tem limites a mordacidade de Marx contra o "ingênuo e pueril" Stirner. Jenny Marx, que gostava de premiar seu marido com citações de Virgílio (comparando-o ao "alarido de um quadrúpede ferrado"), escreve a Karl uma carta íntima, anterior à polêmica com Stirner. No início dessa carta se lê: *Meu querido Karl, meu único*. Como era severo o "único" da vida familiar e amorosa de Jenny quando atacava os únicos da filosofia alemã!

CAPÍTULO 6

TRABALHOS DISPERSOS

> *Entre os trabalhos dispersos de então, através dos quais submetemos ao público nossas opiniões, menciono apenas o* Manifesto Comunista...
>
> (K. Marx, *Prefácio de 1859*)

Para Marx, a estada em Bruxelas significou o início de uma nova prática: a criação de organismos políticos capazes de agir nos meios operários. Três anos, de 1845 a 1848, residiu na industriosa capital dos belgas. Para burlar possíveis ações jurídicas do governo prussiano, Marx decidiu renunciar à cidadania alemã. Depois, pelo menos em duas oportunidades, tentou recuperá-la, infrutiferamente.

Nesses anos, a família Marx aumentou. Nasceram Laura e Edgar ("Munsch"). Helene Demuth ("Lenchen"), uma criada enviada pela mãe de Jenny, será parte da família Marx durante 40 anos. Cuidará da frágil velhice de Marx e saberá escutar depois, com verdadeiro prazer, a leitura feita por Engels da reencontrada *A Ideologia Alemã* que jazia entre papéis esquecidos.

Antes de 1848, poucas organizações operárias existiam na Europa. Os cartistas ingleses, os reformadores agrários dos EUA e o socialismo de Louis Blanc na França — mencionados depois no *Manifesto do Partido Comunista* — despertavam o interesse de Marx. Mas era a Liga dos Justos — constituída sob o modelo conspirativo de Auguste Blanqui — o centro das preocupações políticas de Marx. Formada por emigrados alemães em 1837, em Paris, espalhava-se por várias capitais européias.

Wilhelm Weitling também era um exilado alemão em Paris, sede da maior concentração de emigrados alemães. Na capital da França viviam pelo menos 50 mil alemães, dos quais uma minoria era de exilados políticos. A imensa maioria era de artesãos: relojoeiros, sapateiros, marceneiros ou alfaiates. Alfaiate era também o próprio Weitling, uma das figuras mais conhecidas da Liga dos Justos.

Utopismos de fontes diversas inspiravam Weitling: formação de um exército de esfomeados para atacar os poderes do mundo, queima de papéis de identidade, testamentos, documentos bancários, abertura das prisões. Em Bruxelas deu-se o confronto Weitling–Marx. Em Paris, todavia, Marx elogiara Weitling. Ele era, disse Marx, o sapatinho de Cinderela do proletariado alemão. Em contato com a realidade, seus utopismos dariam lugar à ciência. Mas em Paris estava um Marx paciente; em Bruxelas, um Marx que já não confiava nas conversões dos autodidatas, dos místicos artesãos de teorias "sem fundamentos".

Em Bruxelas, Marx funda um Comitê de Correspondência dedicado a promover a circulação de mensagens entre os socialistas alemães, belgas, holandeses, franceses e ingleses. Era o ano de 1846. Tratava-se de uma organização política em potencial mas com o objetivo inicial de realizar uma "vigilância teórica" sobre toda a propaganda ideológica surgida dos meios operários. Inevitavelmente, marchava-se para um atrito definitivo com os socialistas utópicos, os socialistas da "verdade revelada", dos falanstérios e das "Icárias", cidades igualitárias onde os homens livres se reconciliariam com a natureza e se livrariam da cidade industrial exploradora.

Em 1847, a direção londrina da Liga dos Justos proclamou ter se desvencilhado dos utopismos e convidou Marx para ingressar no grupo. Ele aceitou. A velha palavra de ordem, entre piedosa e bombástica, que presidia as reuniões dos Justos — todos os homens são irmãos —, foi mudada para "Proletários de todo o mundo, uni-vos", pelo menos em Londres. Os tempos conspirativos ficaram para trás. Respiravam-se agora tempos programáticos, tempos que pareciam destinados a abandonar o veio conspirativo, o círculo fechado de conjurados emigrantes. A grande indústria esperava seus agitadores de fábrica!

Como não prever no bojo desta viragem um drástico roteiro de ruptura? Weitling ficou no caminho, numa dramática reunião do Comitê de Correspondência, de Bruxelas. Ela foi presenciada pelo jornalista russo Annenkov, que tinha por Marx uma mistura de simpatia profissional e mundana curiosidade, além do bolso, ao que parece generosamente disponível para salvá-lo das agruras financeiras que o acossavam. Wilhelm Weitling, que três anos antes era a Cinderela teórica dos grupos operários alemães, passou a ser considerado um ignorante.

A presença de Marx na Liga dos Justos, através da seção londrina, foi decisiva para a transformação da maioria das "Comunas" européias na Liga dos Comunistas. A revolução não começaria em qualquer bela manhã em que os revolucionários sentissem cócegas de futuro *in petto*, nem massacrando príncipes. "Não se pode introduzir a comunidade de bens por encantamento", diz um primeiro escrito da nova Liga. Sapatinhos de Cinderela? Não mais. Engels proporá redigir um Manifesto que exibiria as concluões "que marcavam para a ciência histórica o mesmo progresso que a teoria de Darwin para as ciências naturais".

Eram tempos de luta ideológica contra os "curandeiros sociais", que ensaiavam cataplasmas para suprimir a miséria sem suprimir o capital nem o lucro. Quebra-quebras de máquinas? Queimas de quartéis de bombeiros, de documentos testamentários? Brincadeiras que favoreciam a reação.

Contra eles foi redigido o *Manifesto do Partido Comunista*. Essa expressão, partido comunista, embora não seja a primeira vez que aparece, será empregada freqüentemente a partir de então. Quer significar uma corrente de opinião, "a fração mais resoluta dos partidos operários" já existentes, e não uma organização à parte deles. Sua maior audácia seria devida ao fato de ter, sobre o resto do proletariado, a vantagem da "compreensão nítida" do movimento objetivo da realidade. Assim irá se exprimir o *Manifesto*, redigido demorada mas vitoriosamente por Marx em Bruxelas. Seria então ele e não Weitling o canonizador doutrinário.

Em 1848 duas edições de mil exemplares foram editadas em uma pequena gráfica de Londres, em idioma alemão. Na capa, nos tradicionais caracteres góticos, a célebre palavra de ordem: *Proletarier aller Länder bereinigt euch!* proletários de todo o mundo, uni-vos!

Perpassado por drásticas imagens literárias, o estilo de Marx anima cada linha do *Manifesto*. "A burguesia criou maravilhas maiores que as pirâmides do Egito, os aquedutos romanos ou as catedrais góticas." Foi um canto à revolução incessante dos modos de produção. A burguesia foi a autora dessa revolução colossal, feita "sob pena de morte". Mas em suas entranhas ela gerou uma outra revolução. A primeira foi a revolução da indústria "passiva e inconsciente"; a segunda seria a do proletariado, rebento e coveiro da burguesia.

A definição de partido, entretanto, ainda tem traços da "realização da filosofia". Diz o *Manifesto*: "a organização do proletariado em classe, portanto, em partido". Não se distinguia uma do outro porque a "compreensão nítida" do movimento geral da sociedade era um pressuposto tão irrecusável da política, que apagava a óbvia diferença entre classe e partido. Nos dois casos, é a filosofia — a revolução — que neles se realiza.

1848 poria à prova estas antevisões. Ano de rupturas e sangue nas ruas; caiu Metternich na Áustria; na França, Luís Felipe de Orléans teve que ceder sua "coroa financeira" aos republicanos; e, na Alemanha, Frederico Guilherme IV teve de aceitar o sufrágio universal e um programa de liberdades públicas. Ao mesmo tempo, húngaros e italianos acossavam os exércitos austríacos com demandas democráticas e nacionalistas. As cidades européias se agitavam enquanto a humilde tiragem do *Manifesto do Partido Comunista* era lentamente difundida nesse ano de implosões.

Marx será expulso agora de Bruxelas. Os cordiais porém precavidos belgas não queriam correr riscos. O flamante governo republicano francês concedeu asilo a Marx, em uma declaração com o sabor das velhas glórias dos comitês de *Salut Publique*.

Marx de novo em Paris. Desaprovou a formação de uma legião armada para invadir a Alemanha, mas assim mesmo ela se formou e foi derrotada: Marx qualificou de "poucos" os legionários; estes qualificaram Marx de "covarde". Entretanto, ele decidiu que seu lugar era em Colônia, onde estourara uma insurreição democrático-republicana.

Colônia: a cidade industrial, local das primeiras "armas da crítica" de Marx, quando chefe de redação da *Gazeta Renana*. Para lá foram Marx e Engels com um resumo programático do *Manifesto*, salientando reivindicações nacionalistas estatizantes, republicanas radicais e democrático-sociais, para lá foram fundar outro jornal. Invocando "recordações do passado", que a propósito de outras situações Marx condenaria tão duramente, o nome do novo jornal lembrará aquele de 1843: *Neue Reinische Zeitung, Nova Gazeta Renana*.

O que iria acontecer com aquela classe burguesa que "criou o mundo moderno" desatando forças superiores às que ergueram viadutos romanos e pirâmides egípcias? Esta pergunta Marx não abandonaria "à crítica roedora dos ratos". O *Manifesto* afirmava claramente que a burguesia era revolucionária porque gerava o proletariado.

Esta afirmação teria de ser confrontada com a realidade das insurreições de 1848. Estas seriam a última gesta revolucionária da burguesia e, ao mesmo tempo, a primeira do proletariado? Tudo indicava isso: um corte dos tempos, um fim de época. Mas aqui o pensamento de Marx é o retrato de uma hesitação. A ruptura do proletariado com a burguesia já estava preparada nas diferentes realidades nacionais? Em 1844 Marx tinha escrito que "a emancipação do homem será a emancipação do alemão". Não cogitava em uma "emancipação burguesa" na Alemanha. Mas, agora, em meio aos combates de rua, e com a burguesia republicana formando exércitos contra a coroa, não via possibilidade de romper a relação umbilical proletariado—burguesia. As alianças eram necessárias. O momento estava reservado para o espírito burguês tomar o primeiro lugar na cena. Mas seriam os próprios burgueses, em carne e osso, que encarnariam seu próprio "espírito burguês"?

Por um lado, Marx reencontrou em Colônia os teimosos partidários de Weitling, com seu sonho de uma "república operária". Marx condenou-lhes o espírito isolacionista. Era preciso se apresentar nas eleições parlamentares com a bandeira da democracia, de uma democracia que "pusesse em evidência seu caráter especificamente proletário". Por outro lado, não se poderia lutar com perfume de rosas. "Uma bela manhã, a esquerda poderá descobrir que sua vitória parlamentar e sua derrota real coincidem", disse a inconfundível pena de Max na *Nova Gazeta Renana*.

E no bojo da proposta do não-pagamento de impostos (quando o rei recuperava terreno) o jornal disparou: "A Assembléia Nacional tem a sua sede no povo e não nos arredores deste ou daquele monte de pedras". A burguesia era julgada ambigüamente. Pusilânime e senil, já não era a antiga classe revolucionária de 1688 (na Inglaterra) ou de 1789 (na França). Mas também reconhecia-se que nesses tempos convulsos as "tarefas burguesas" tinham implícita vigência diante dos restos do absolutismo dinástico. Cumpriria a própria burguesia com as suas tarefas? Marx sentia-se tentado a responder que não, e imediatamente lamentava o fato de serem os comunistas os perseguidos por fazer coisas que os próprios burgueses deveriam fazer (essa foi sua principal linha de defesa no julgamento de Colônia, baseado na acusação de calúnias, injúrias e subversão que contra ele moveu o procurador Zweiffel).

Nesse mesmo julgamento, a intervenção de Marx resolveu aquela ambiguidade atribuindo à burguesia simultaneamente um papel *ativo* (ainda é ela a causa involuntária da revolução) e um papel *negativo* (ela reage utilizando mecanismos de repressão em grande escala, tanto em Berlim como em Paris).

Nestes termos, a *contra-revolução* era necessária. Foi a esta conclusão que Marx chegou, afirmando que só depois do triunfo da repressão — repondo as antigas classes no poder — é que a revolução teria vez. Com a repressão generalizadora, o "espírito burguês" esgotaria definitivamente sua missão progressitas na história.

Esta dialética da "necessidade da derrota" — é preciso que primeiro eles triunfem para depois triunfarmos nós — é explicada por Marx em *A Luta de Classes na França*, escrito de 1850, onde analisa a revolução de 1848 em Paris. Apenas as derrotas preparavam o terreno para a revolução (não mais, portanto, as forças produtivas burguesas, mas as forças repressivas burguesas). As lutas urbanas do operariado francês, em junho de 1848, são qualificadas de "tragicômicas". Ao contrário, valiam como o fracasso que foram, pois permitiam sua contrafigura, a revolução. É "trágico" tudo o que age sem se

KARL MARX

Aos 43 anos, chapéu na cadeira, vestes quase elegantes, expressão severa, ar irresistível. A última foto, aos 64 anos, um ancião calmo, alvura na barba e face sem cataclismos.

conciliar com o estado real das contradições objetivas. Mas o erro de avaliação foi imprescindível para que as bandeiras tricolores da república (a francesa e a alemã) fossem ensaiando o desfecho colorista iminente do vermelho.

Agora um vermelho de sangue, conforme a óbvia imagem de Marx. Era assim, no momento, que os operários franceses e alemães anunciavam a sua presença nos estandartes burgueses ora triunfantes. Também a *Nova Gazeta Renana* teve um final em vermelho — cor que no fracasso do presente alertava para o futuro triunfo. O último número sofreu uma transmutação visual. Quando tornou-se evidente que o jornal não poderia burlar o cerco das autoridades, Marx mandou imprimir o número em vermelho e escreveu: "Quando chegar a nossa vez não pediremos desculpas para o terrorismo". A tinta do jornal, para o temperamento alegórico de Marx, tinha o mesmo efeito conceitual que atribuiu à sangrenta derrota dos operários de Paris: na vitória burguesa ou monárquica já estava anunciada a próxima vitória proletária. Qualquer militante minimamente disposto a escutar as vontades imediatas de seu coração revolucionário só poderia se sentir acuado por esta visão inflexível de Marx sobre as derrotas educativas.

Menos confiante no poder das derrotas, Engels continuou na Alemanha enquanto Marx já estava mirando Londres. Engels colaborou ainda com a organização do Exército Republicano do Palatinado, sob as ordens do comandante Willich, um comunista de inconfundível trato weitlingiano. Lembrando depois a batalha de Rastaff, onde os revolucionários são vencidos, dirá Engels que sua descoberta foi a de ter compreendido que a coragem é a mais banal das qualidades. "As balas assobiam mas tudo acaba sendo muito normal." Em 1863, durante a guerra de secessão nos EUA, Engels acreditava que os nortistas poderiam perder a guerra devido à desorganização de seu exército. Marx lhe disse, então, que não era bom se deixar levar exclusivamente pelo aspecto militar da questão, esquecendo a análise econômica. O desenvolvimento das forças produtivas daria o triunfo ao Norte. Marx tinha acertado. E Engels ficou com a alcunha de *General*, entre carinhosa e irônica.

No *Prefácio de 1859*, Marx considera o *Manifesto do Partido Comunista* como um dos "trabalhos dispersos" desse período (inclusive, compara-o ao *Discurso sobre o Livre-Comércio*, publicação de uma palestra sua, de interesse e repercussão rapidamente amortecidos pelo *Manifesto*) e interpreta as insurreições de 1848 como uma "interrupção" de seus estudos econômicos, só retomados em Londres em 1850. É verdade que o *Prefácio de 1859* é uma reconstrução do itinerário de seus estudos em Economia Política. É verdade também que Marx almeja atingir um público maior para seus escritos, talvez um público que ame mais o rigor científico do que a política. Mas era necessário fazer tantas concessões no mesmo texto em que se resumiam os resultados de suas pesquisas com frases e aforismos cuja fama até hoje perdura?

CAPÍTULO 7

AMOLADORES DE FACAS

> *Uma revisão do presente trabalho ter-lhe-ia roubado o colorido peculiar.*
>
> (K. Marx, Prefácio de 1869 a
> *O Dezoito Brumário de Luís Bonaparte*)

O que de melhor pode-se fazer morando em Londres, a capital econômica do mundo capitalista? Observar tudo o que acontece em Paris, a capital política do mundo capitalista.

Em 1852 Marx publica *O Dezoito Brumário de Luís Bonaparte* na revista *Die Revolution*. A revista era dirigida por Joseph Weydemeyer, um ex-oficial de artilharia prussiano que logo se estabeleceu nos EUA para difundir o "comunismo científico". Weydemeyer era um dos fiéis amigos de Marx. Na Guerra Civil Americana será comandante de um distrito militar.

O Dezoito Brumário está vestido de reluzentes frases. Aliás, é disso que trata: o efeito de certas frases sobre a história. Mas seu motivo imediato é analisar o golpe de Estado que em 1852 leva Luís Bonaparte III ao poder.

Marx diz aí que as gerações mortas oprimem como um pesadelo o cérebro dos vivos. Rememorações, lembranças arcaicas, impedem que se veja o que se passa na efetiva realidade social. Alguma vez dirá Marx que não se deve temer o arcaico? A Rússia o obrigará a isso. Mas a França inspira um sentimento contrário. Porque é justamente nos momentos revolucionários — como os que se vivem em Paris — que os homens deveriam se ver obrigados a contemplar com serenidade suas condições de existência. Este é um dos temas favoritos de Marx e o *Manifesto* o apresentava com vigor. Todo o sagrado já tinha sido profanado pela burguesia. Parece que isso não tinha sido suficiente. Os homens, em geral, teimam em não assumir sua verdadeira condição humana. Temem assumir os custos da profanação que, de qualquer forma, acontece. Quando sentem os sinais de uma revolução, de um abalo social qualquer, convocam os espíritos do passado, tomam de empréstimo seus nomes, gestos e gritos, até mesmo quando decidem participar de uma revolução.

Os homens bradam ... pode ser. Mas isso não quer dizer que *reconheçam* o verdadeiro significado do que está acontecendo. E nem sequer se animam a perguntar, como Hamlet ao fantasma de seu pai, qual o significado de um corpo morto vir novamente passear à luz da lua, coberto de aço.

Esses corpos mortos visitando os cenários das lutas

sociais franceses — o passado oprimindo e condicionando com sua simbologia inerte a luta de classes — é a forte acusação que Marx dirige globalmente contra a política francesa, contra o modo francês de se exercer a política. Na França, onde, na década anterior, para Marx cantava o galo da revolução.

O Dezoito Brumário é um urgente canto de independência do presente com relação ao passado, uma solicitação para que os homens assumam sua verdadeira condição de classe sem farsas antigas, sem imaginar que a história se repete "duas vezes".

Ao olhar a Rússia em 1880, Marx revalorizará as "formas antigas" a partir das quais o moderno se perfaz. Mas a França só o torna "inimigo do passado".

A história tem um conteúdo. Em sua expressão mais racional, esse conteúdo é revolucionário. Acontece que os conteúdos muitas vezes não contam com frases adequadas para se expressar. O mesmo acontece com as *forças produtivas*. Elas já podem estar maduras para se livrar das antigas travas sociais que em outro momento eram adequadas a elas. Mas a velha teia de aranha das antigas relações sociais, os velhos andaimes das classes sociais geradas num período anterior ainda resistem.

Quanto podem errar os revolucionários quando não sabem ler os momentos históricos em que a combinação entre conteúdos e frases já está precisamente afinada! Tal como numa revolução "declarada" sem esperar que as condições revolucionárias façam seu trabalho de toupeira na vida material das sociedades, também os revolucionários podem querer um mundo novo e até estar preparados para isso, mas suas vestes, palavras, cérebros, gestos, *pamphlets* e *affiches* podem ainda ser presa dos "hieroglifos do passado". Então, a revolução bem pode estar nas ruas... Mas que burla patética! Que anacronismo! Um anacronismo que pode ser genial mas estúpido. Tudo isso não passará de uma "travessura histórica". Assim julga Marx os acontecimentos revolucionários de 1848 em Paris, em *A Luta de Classes na França*. Os homens que produziriam a efetiva revolução acabaram dominados pelo fetichismo da revolução travestida de glórias antigas. Mas uma coisa era 1848, e outra, 1852.

Caíram os disfarces teológicos da sociedade feudal. O capitalismo, porém, criou outros, não necessariamente através da religião (que persiste apenas porque sua idéia de homem abstrato é a mais adequada à idéia de trabalho abstrato sob o capitalismo). Os novos sortilégios e névoas estavam no próprio modo de produção, na religião da mercadoria, que atribui à sua aparência material um valor que pareceria ser um "composto químico" próprio dela. Mas esses valores só existem no próprio processo social de trocas, fundado no trabalho. Mas o que isto tem a ver com *O Dezoito Brumário de Luís Bonaparte*?

É que não encontramos obscurecimentos ideológicos apenas no modo de produção capitalista. Um símil deles pode ser achado na vida das nações. A "mascarada" de Luís Bonaparte III é parte da "névoa política" da sociedade assim como a mercadoria é a "névoa ideológica" do sistema produtivo.

Quais são os elementos dessa "névoa bonapartista"? Vejamos a Sociedade 10 de Dezembro, base política de apoio de Luís Bonaparte III. (Em 10 de dezembro de 1852 Luís Bonaparte dá um golpe de Estado, que Marx chama de "Dezoito Brumário", lembrando a data do antigo calendário, quando em 1799 o primeiro Napoleão se tornou imperador da França). Nessa Sociedade, os desclassificados de todo tipo fazem o papel do povo "como Nick Bottom — personagem de *Sonho de uma Noite de Verão* — representava o papel de leão". A França "volta" ao passado: grupos sociais representando papéis que não correspondem a sua situação objetiva na sociedade. Toda a sociedade se "lumpeniza", isto é, deixa de viver a vida de seus interesses sociais objetivos, para passar a viver uma vida teatralizada pelos temas poeirentos da história francesa passada, quando não da história romana que a inspirou. Proletários e burgueses são substituídos pelos respectivos fantoches que simulam representá-los. Amoladores de facas falam pelos proletários. Nobres decadentes com cosméticos ridículos no rosto falam pelos burgueses. É como se toda a sociedade francesa dançasse ao ritmo produzido por um patético tocador de realejo de bulevar.

O *bonapartismo* — a simulação de uma representação global da sociedade, encobrindo as divisões de classe — encontra-se na estação terminal de um processo muito longo de centralização política da França em um Estado "que envolve como uma teia todo o corpo da sociedade".

O Estado, porém, só com Luís Bonaparte III parece adquirir completa autonomia com respeito à sociedade, retirando desta qualquer responsabilidade de gestão ou representação de seus próprios interesses, seja no caso da simples administração de uma ponte ou de uma universidade. Mas se poderia dizer que foi um lento processo de fortalecimento da burocracia estatal na França que gerou o terreno propício ao surgimento do "aventureiro glorificado pela soldadesca comprada com salsichas"? Tal parece ser a conclusão de Marx. Ninguém, e muito menos Marx, iria dedicar uma análise incisiva ao surgimento do Estado francês a partir da Idade Média, para depois atribuir um papel determinante ao "salsicheiro" Bonaparte. Apenas atribui a este a responsabilidade de ter dado um fecho ao processo. Todavia, todo *O Dezoito Brumário* está permeado pela construção de uma personagem — Luís Bonaparte III — que permanece continuamente no centro da cena como uma grotesca figura produzida pelas condições históricas da luta de classes francesa. Marx julgou, no prólogo a *O Dezoito Brumário*, que o trabalho todo tinha "um colorido peculiar" (pensando assim que uma revisão seria desaconselhável, pois lhe roubaria esse aspecto hamletiano). Mas esse "colorido", precisamente, não está isento de conseqüências teóricas. Pois o trabalho deixa uma idéia historicamente *muito forte* da existência ideológica da figura de Bonaparte, e analiticamente *muito fraca* do processo histórico de formação do Estado burocratizado separado do social. No mesmo prólogo, pretende Marx que o conceito de *cesarismo* — para denominar a representação indivisa da nação através de uma chefia unificadora — caía em desuso, substituído pelo *bonapartismo*. Mas no próprio *O Dezoito Brumário*, Marx não utiliza o termo *bonapartismo*, depois generalizado. O verdadeiro problema sobre o surgimento do conceito de bonapartismo como conceito político, todavia, é saber se ele é imprescindível. As características da acumulação burocrática de poder na rede estatal francesa, durante vários séculos, já continham em si todas as protoformas do bonapartismo? Ao contrário, se o conceito de bonapartismo, designando todo poder "por cima" das divisões da sociedade, deve preservar sua autonomia e identidade analítica, deveria estar melhor diferenciado do conceito de *poder de Estado*. Não que o texto não fale disso. Mas a diferenciação que faz entre bonapartismo e estatismo é apenas "coreográfica": uma nuança teatral.

Todos imaginam ou sabem quais são os efeitos de um dono de bordel investir em política. É isso que Marx quer dizer com *bonapartismo*. Mas sua "colorida" narração consegue se transformar em um conceito efetivamente necessário em sua teoria do Estado? Vejamos como Marx descreve a fauna bonapartista:

"Crápulas decadentes de fortuna duvidosa, aventureiros arruinados da burguesia, vagabundos, soldados desligados do Exército, presidiários libertos, forçados foragidos das galés, chantagistas, saltimbancos, *lazzaroni*, punguistas, trapaceiros, jogadores, *maquereaux*, donos de bordéis, carregadores, *literatis*, tocadores de realejo, trapeiros, amoladores de facas, soldadores, mendigos..."

Não esqueceu ninguém, nem os amoladores de facas, neste catálogo da malandragem parisiense do século XIX. Marx não é teatral quando escreve sobre proletários. Mas um certo veio bufo — uma atenta observação do mundo das marionetes — vem à luz quando tem necessidade de descrever aquelas personagens que não pertencem à vida produtiva. Por que exagerar na descrição dos bufos? No parágrafo sobre os maltrapilhos que apóiam Luís Bonaparte III Marx chega a mencionar 21 tipos diferentes de estratégias e ofícios da malandragem.

Era necessário dizer "trapeiros" quando tinha dito "amoladores de facas"? Era necessário dizer "chantagistas" quando já tinha dito "punguistas"? A reiteração é teatral, consiste numa acentuação bufa das características do bonapartismo. São os *lumpemproletariat*, esses saltimbancos da história que são expelidos, como detritos, do proletariado. São o outro extremo da vida proletária. Saltimbancos e proletários: entre essas duas pontas do caminho está o roteiro de Marx para analisar como se movimenta uma sociedade. Tanto para gerar um espaço de mudanças como para gerar os empecilhos a essa própria mudança.

A narração devia ser "colorida" para acentuar a presença dos saltimbancos na história, existencialmente opostos ao proletariado. Isto era mais importante do que constituir um conceito como o de bonapartismo, que, de qualquer modo, não dizia muito mais do que Marx já dissera quando tratou da história da França estatal (com Luíses, jacobinos e Bonapartes traçando úma única estratégia de acumulação de poderes burocráticos).

Mas, e se Luís Bonaparte III estivesse fora dessa estratégia? É possível? Ele é mais bufo do que social, pertence ao circo da história e não à manifestação diáfana das forças sociais. Profanou o Estado, essa é a verdade. É Marx que diz isso. Desonrou e anarquizou o próprio Estado. Mais parece uma antítese funambulesca de todos aqueles esforços históricos para fazer da França "um país sério". O bonapartismo, assim, emerge como um "excesso" que complementa uma história burocrático-estatal. Mas também é a face grotesca, a contrafigura desonrosa do Estado. Não seriam estas vacilações de Marx que têm contribuído decisivamente para a merecida fama — que não esmorece — de um texto como *O Dezoito Brumário*?

CAPÍTULO 8

SINAIS NO PATÍBULO

Minha colaboração, já de oito anos, com o primeiro jornal anglo-americano, o New York Tribune, *tem exigido uma extraordinária dispersão nos estudos.*

(K. Marx, *Prefácio de 1859*)

O autor de *O Capital* trabalhando nas ferrovias inglesas! Um grande encontro: do crítico do capitalismo com as *Railways* inglesas.

Em meados da década de 1850, as dificuldades econômicas levaram Marx a pretender um cargo de funcionário na Companhia de Estradas de Ferro de Londres. Mas há um empecilho insuperável para Marx se tornar escriturário de uma das mais desenvolvidas empresas capitalistas: Karl tem letra ruim.

Já era conhecido por Mouro, pelo aspecto levemente moreno de sua tez. Mas sua expressão muitas vezes sombria complementava os gestos necessários para a alcunha se manter em uso diário.

O Mouro da letra ruim tentou o jornalismo. Já tinha dirigido dois jornais de grande circulação e

81

duas revistas, uma das quais, os *Anais Franco-Alemães*, tivera um único número, o que lhe acrescentava a celebridade de rareza e excepcionalidade.

O *New York Daily Tribune*, um jornal abolicionista de Nova York, publica a "série indiana". São os vários artigos de 1852, pequenos ensaios nos quais o capitalismo aparece como bárbaro, hipócrita e devastador. Mas, ao mesmo tempo, é também o capitalismo que levará à periferia do planeta as "leis orgânicas" que permitirão fundar um mundo novo.

O que era a barbárie capitalista então? Era um efeito de desenvolvimento das próprias leis do capitalismo. Mas estará bem utilizada aqui esta palavra? "Barbárie", quando aparece associada a capitalismo, nos situa exclusivamente no terreno de um movimento contraditório da realidade. "Quaisquer que tenham sido os crimes da Inglaterra, ela foi um instrumento inconsciente da História para originar uma revolução na Índia." A barbárie capitalista é um instrumento inconsciente da civilização. É preciso o bárbaro para criar a civilização, é preciso o "lado ruim" de um processo para o processo vingar. A Inglaterra destruiu a velha sociedade asiática. Mas, com métodos bárbaros, levou um mundo novo para as sociedades atrasadas. E não era a Inglaterra que se beneficiava com a criação de uma nova sociedade na Ásia. Quem, então? Alguém mais hábil do que ela, alguém muito mais astucioso do que acreditavam ser os capitalistas de Lancashire ou os primeiros-ministros britânicos.

A História é um patíbulo, dizia Hegel. Basta ver: povos inteiros foram destruídos na História. Desabam Estados e os indivíduos são permanentemente frustrados em seus desígnios. Sem chefes guerreiros, sem capitães de indústrias, sem heróis conquistadores, a História nada seria. Mas esses personagens eram "paixões" que não sabiam o sentido final do que faziam. Dançaram à sombra da guilhotina, no pátio das execuções. Mas isso eles não percebiam.

Há uma "primeira-ministra invisível" que gere a História pondo a seu serviço as paixões dos homens. Chamemos de *Razão* a essa gestora invisível. Um infinito batalhão de indivíduos — homens ou nações — insatisfeitos, que acreditam estar cumprindo com suas ambições contingentes, na verdade estão contribuindo para forjar uma coisa que nem conhecem: uma História com sentido. Um sentido que, racionalmente, pode ser o oposto do que os combatentes passionais cogitavam, quando colocavam seus heroísmos e vontades como o único marco existente na realidade histórica. A todos eles, a Razão observa com astúcia. Precisa deles. Para Hegel esta era a *astúcia da Razão*.

Quando Marx vê a Índia entrar no mundo moderno do capitalismo, interpreta-a em termos da "astúcia da Razão". A Inglaterra, de maneira abjeta, dissolve comunidades onde se cultuava do *Hanuman*, o macaco, ao *Sabbela*, a vaca. Mas era essa destruição dos modos de vida primitivos — e muitas vezes estupidificadores — que precisamente a colocava em um novo patamar histórico. Os ingleses levaram as ferrovias à Índia para extrair matérias-primas de uma forma menos dispendiosa. Mas, novamente: eram eles os astuciosos? A História é mais racional do que os donos das fiações de algodão e gerentes das estradas de ferro pensam. A Índia tinha entrado na História pela porta ruim. Mas nunca há porta melhor.

O fato de Marx ter pretendido trabalhar como escriturário nas ferrovias inglesas não adquire agora um aspecto não só fantástico como rigorosamente lógico.

Em 1863, fragores de batalha na Polônia. De Londres, como sempre, Marx está atento. A guerrilha polonesa golpeia a Rússia czarista. Uma complexa rede de interesses e simpatias apóia os *partisans* poloneses. No mesmo campo da "causa nacional polonesa" estão os grandes proprietários e os pobres camponeses; também Luís Bonaparte III e Lord Palmerston.

Não era esta uma aliança que pudesse despertar as simpatias de Marx. Se até o próprio *Boustrapa* (como ele chama depreciativamente Luís Bonaparte III) aposta nos poloneses!

Qual seria o argumento para simpatizar com os mesmos guerrilheiros que em uma luta nacional contra a autocracia russa eram capazes de obter subsídios diplomáticos das chancelarias francesa e inglesa? Uma razão poderia estar vinculada ao caráter desses soldados poloneses. Muitos anos de luta, ou melhor, as grandes tradições de combate dos camponeses da Polônia fazem deles um tipo especial de soldado revolucionário. Entretanto, uma razão épica é uma boa razão, mas nunca é uma razão definitiva. Ora, dentre esses soldados também há nobres. A luta contra a Rússia é uma luta nacional. O que Marx diz deles? Que também eles, os rebentos da nobreza, oferecem soldados de primeira classe à revolução polonesa. Tratava-se de uma nobreza que não detinha privilégios feudais. Quase que são, esses nobres, como os jacobinos franceses. Com efeito, dessas fileiras nobiliárias sairão alguns dos comandantes militares da Comuna de Paris, poucos anos depois.

Mas definitivamente nunca poderiam ser estas as razões para apoiar a guerrilha nacional polonesa. Em 1870, outra guerrilha nacional, a francesa, dirigida pelo deputado Gambetta nas províncias da França contra os invasores prussianos, não chegou a comover Marx (diferente foi o caso de Engels).

Existiam outras justificativas para o apoio de Marx aos insurgentes da Polônia anti-russa. E estas era necessário procurá-las, também, na *astúcia da Razão*. Os homens lutam, brigam, expõem seus corpos às balas e acreditam com isso estar servindo a suas paixões. Sempre foi assim e não há motivos para que deixe de sê-lo. Mas os homens não podem evitar que uma razão superior, esta sim vinculada ao cerne racional da História (por exemplo, a realização do comunismo), *organize de modo diferente* os resultados políticos dessas paixões. Onde as lutas polonesas tinham maior receptividade, maior impacto social? Na Alemanha dividida. E a influência que os combatentes poloneses têm na Alemanha é de tal envergadura, que se poderia supor que os alemães realizassem a unidade nacional sem que a Prússia tivesse um papel primordial (neste último caso, a unidade alemã seria a mesma coisa que a dominação prussiana sobre o resto dos Estados).

A revolta polonesa, então, poderia se transformar em um *sinal* que estimulasse a unidade alemã. Unidade, por outro lado, imprescindível para dar ao proletariado da Alemanha um espaço homogêneo para a própria realização de sua unidade como classe.

O sinal... Esta palavra nos conduz a um dos grandes temas de Marx. A Europa que ele vê é a Europa das nacionalidades e do proletariado. A Europa de Mazzini, de Garibaldi, de Blanqui, de Bakunin, dos cartistas ingleses. Como pensar, como agir, como não se equivocar nessa Europa que mobiliza suas sociedades em duas direções diferentes: os movimentos nacionais redentoristas e as nascentes associações operárias?

Mas se a revolução européia é *una* e não pode ser cindida em regionalismos ou sociedades estanques, a História será esse entrelaçamento de paixões: lutas nacionais, lutas democráticas, lutas operárias.

Quando se diz Inglaterra, Índia, Alemanha, França, democracia, socialismo, unidade nacional, proletariado... aponta-se para uma História em que coexistem diferentes momentos de um processo. São diferentes "idades" de um único desenvolvimento histórico — há *um só* sistema capitalista —, que se constitui através de desigualdades de todo tipo.

Há contradições muito fortes — passionais — *mas não pertencem ao coração da história moderna*, por exemplo, a reivindicação nacional polonesa. Há contradições específicas do mundo moderno — a existência de burgueses e proletários — *que são o coração da sociedade mais desenvolvida*, mas podem não ter ingressado ainda no mundo das paixões, da luta efetiva. Pertencem a dois tempos históricos diferentes. Mas, quando entrelaçadas, a "última contradição", a mais moderna, aquela comandada pela existência do proletariado, ilumina todas as demais. Isto quer dizer que as contradições em sua forma antiga — nacional — não têm nenhuma importância? Exatamente o contrário: elas podem ser o *sinal*.

O sinal é o chamado à revolução. Aqueles que não sabem o que a História significa podem dar o sinal — que neste caso é um perfeito equivalente da astúcia da Razão. Um estouro em qualquer parte, mesmo que seja na menos avançada do sistema mundial capitalista, pode ser o chamado para as outras contradições se desenvolverem.

Marx passou muito tempo tentando identificar sinais, "cantos de galo". Esses sinais podiam surgir de contradições que estavam no centro da história moderna ou na periferia do mundo. Onde se ouviria o canto do galo? Em 1844 o canto era gaulês. O sinal revolucionário surgia no país politicamente mais avançado: a França. Mas, para Marx, de qualquer tipo de contradição histórica podia surgir o canto inaugural da revolução. Esta convicção é um traço persistente em Marx. Nós a encontramos tanto em sua obra jornalística quanto em *O Capital*. Neste está a advertência lançada aos alemães: *De te fabula narratur* (é de vocês que esta história fala). Por acaso estariam os alemães pensando que as "leis naturais" do capitalismo que foram verificadas na Inglaterra não iriam atingi-los? Esses iludidos fariam melhor em escutar os *sinais* que, neste caso, tinham a sonoridade que lhes emprestava o leão inglês. O capitalismo inglês também a vocês diz respeito!

Na Índia, ora transformada pela burguesia industrial britânica — avalia Marx em seus artigos do 1852 para o *New York Daily Tribune* —, os hindus não colheriam os frutos de uma nova sociedade "até que as atuais classes governantes da Grã-Bretanha sejam desalojadas pelo proletariado industrial". Neste caso, o sinal está no centro do mundo. É o Big-Ben da revolução, que bate de Londres, a cidade-capital do universo.

E na China? Aí, ao contrário, "pode parecer muito estranho, escreve o jornalista Marx para seus leitores americanos, mas o próximo levante de povo da Europa pode depender mais provavelmente daquilo que agora se passa no Império do Sol, o verdadeiro oposto da Europa..." E na Irlanda? Seria a prévia independência irlandesa que permitiria que a classe operária "fizesse algo decisivo aqui na Inglaterra".

Aqui na Inglaterra... Em 1852, há menos de cinco anos que o emigrado Karl Marx vive na Grã-Bretanha. Todas as manhãs caminha até o Museu Britânico. O antigo edifício, construído em 1753, com sua austera cúpula georgiana, tem uma excelente biblioteca, elogiada por Marx no *Prefácio de 1859*. *A enorme quantidade de material sobre a história da economia política que se encontra acumulada no Museu Britânico, a situação favorável de Londres como ponto de observação da sociedade burguesa e finalmente o novo estágio em que esta parecia entrar com a descoberta de ouro na Califórnia e Austrália determinaram-me a começar tudo de novo e estudar criticamente até o fim todo o material.*

Começar de novo no umbigo do mundo, na Babilônia do capitalismo! Mas o tema do *sinal*, que era o tema sobre onde a revolução teria início, nunca foi revisto por Marx. Apenas, o sinal, como as descobertas de ouro, era por ele anunciado nos mais diferentes lugares.

Em 1847 estivera pela primeira vez em Londres, acompanhado por Engels, que já tinha escrito sobre a relação dessa cidade com os trabalhadores: "concentração colossal... desconcertante...", diz Engels sobre Londres. Dessa vez Marx discursaria na Liga dos Comunistas: "A vitória do proletariado contra a burguesia será o sinal de libertação de todas as nações oprimidas".

Que convicção sobre a origem do sinal! Ele se

alastraria, a partir da revolução proletária, para resolver as demais contradições, notadamente a que polarizava as "nacionalidades oprimidas" (como a polonesa) e as autocracias imperiais (como a russa).

Mas já instalado definitivamente em Londres, Marx vacila quanto à origem do sinal. No proletariado? Nas nacionalidades? No velho mundo? Nas colônias? Como a *Mistress Quickly*, a taberneira de Shakespeare que Marx gosta de citar por sua ubiqüidade (ela era "difícil de apanhar"), o sinal podia estar na Europa ou no "oposto da Europa". Na China. Ou também na Irlanda, submetida à Inglaterra e cuja independência precederia a emancipação do proletariado inglês. A aristocracia fundiária inglesa tinha seus postos avançados na Irlanda dependente, obrigando a classe trabalhadora a partilhar sua política, cindindo assim proletários ingleses e irlandeses. Era necessário desfazer o nó irlandês, que paralisava a sociedade inglesa. A independência irlandesa, para a classe operária inglesa, longe de ser uma abstrata questão de justiça, seria "a condição primeira de sua própria emancipação". Marx escreve isso por volta de 1870, ao traçar a "política irlandesa" da Associação Internacional dos Trabalhadores.

Podia parecer estranho, sim, porque o sinal podia estar longe... e com outros. Tal o caso do "sinal chinês". Mas a versão mais atrevida, um sinal em seu máximo grau de distanciamento com relação ao proletariado revolucionário da metrópole do capital, aparece em 1880, quando Marx observa a situação russa. Então, o czar parecia ser, praticamente, "um prisioneiro de guerra da revolução".

Esta situação obrigou a incluir no último prefácio do *Manifesto do Partido Comunista*, assinado em comum por Marx e Engels, uma pergunta transcendental. A comuna rural russa poderia servir de base para estender a propriedade coletiva à Rússia — já que sua base produtiva é efetivamente comunal — ou ela primeiro deveria passar por um processo "de tipo ocidental"? Neste último caso, o desenvolvimento capitalista fatalmente a dissolveria. Numa palavra, era possível o socialismo sem passar previamente pelo capitalismo?

Este prefácio foi o último escrito de Marx sobre o tema do *sinal*, isto é, sobre o tema do primeiro local em que emerge a faísca da revolução. Seria da Rússia? Só em certas condições. Mas essas condições, postas como possibilidade, escritas (como corresponde) no condicional, revelam até que ponto Marx exploraria os limites da aparição do sinal. Era um sinal livre? Não, era errátil, o que não é o mesmo. Pois, uma vez que aparecia, ele tinha a necessária tarefa de desentravar a revolução no centro do mundo. Assim, "se a revolução russa dá o sinal de uma revolução proletária no Ocidente, de modo que ambas se complementam, a atual propriedade coletiva da terra na Rússia poderá servir de ponto de partida para uma revolução comunista". Isto é, se o sinal fosse russo, *mas em combinação com uma revolução proletária ocidental*, seria possível à Rússia ir para o socialismo sem passar pela estação da estrada de ferro chamada "capitalismo". Assim, o arcaico elevar-se-ia para o moderno (Rússia: da comuna rural ao socialismo) e o moderno "retornaria" para uma forma do arcaico, porém já evoluída (Europa Ocidental: do capitalismo para o comunismo).

Em 1864 já está definida a Guerra Civil Americana. Lá também há *sinais*. Nesse mesmo ano se funda a Associação Internacional dos Trabalhadores, que envia uma mensagem de saudação a um vitorioso: "um sincero filho da classe operária americana". Tratava-se de Lincoln, e a mensagem tinha sido redigida por Marx. O *Mouro* pensava que do mesmo modo que a Guerra da Independência Americana, no final do século XVIII, assinalou o começo de uma nova era para a burguesia européia, a Guerra Civil do século XIX seria "o começo de uma nova era para o proletariado". Poucos anos depois reiterou essa certeza no Prefácio de *O Capital*. Escreveu então que certos estágios históricos enviam "toques de alerta" para outras realidades, quer sejam mais evoluídas, quer sejam mais entravadas. O triunfo de Lincoln contra o escravagismo era o *sinal americano* para a revolução do proletariado europeu. Neste Marx da maturidade, tanto o *sinal americano* quanto o *sinal russo* vão da periferia para o centro, do menos desenvolvido para o mais moderno, do atrasado para o coração do mundo proletário, da burguesia democrática para o operariado comunista.

Mas isso politicamente. Porque filosoficamente

KARL MARX

esse mesmo movimento de desvendamento tem outros protagonistas: ele vai das aparências à realidade, das ideologias que acobertam o trabalho real para o trabalho efetivo dos produtores que, assumido como consciência real, destrói as mistificações. Esta última questão será plenamente tratada em *O Capital.*

Em 1846, Engels prepara a viagem de Marx ao balneário de Ostende, na Bélgica. Aproveita para enviar algumas imagens que capta esse na praia.

CAPÍTULO 9

CACHORRO MORTO

> *Ao tempo em que elaborava o primeiro volume de* O Capital *era costume dos epígonos impertinentes... que pontificavam nos meios cultos alemães, comprazerem-se em tratar Hegel... como um "cachorro morto".*
>
> (Prefácio à 2ª edição de *O Capital*, Londres, 1873)

Em Londres, Marx mora primeiro no bairro de Soho e depois nos subúrbios, em Havestock Hill. A sina familiar — as mortes prematuras — o acompanha. Morre seu filho Guido, com um ano de idade, depois Edgar, o "Munsch", com oito anos, e logo após Franziska, também quase imediatamente depois de nascer. Em família, lêem Walther Scott e Shakespeare. (Nos últimos três anos da vida de Marx, reunia-se em sua casa o *Shakespeare Reading Club*. E Jenny Marx escreveu para um jornal de Frankfurt um artigo em que afirmava que o proletariado devia ser o "herdeiro da obra de Shakespeare".)

Aos domingos, piqueniques em Hampsteadt Heath, junto às filhas Jenny, Laura e Tussy (Eleanor), com seus noivos Charles Longuet e Paul Lafargue. Wilhelm

Liebcknecht costuma fazer parte do grupo de excursionistas domingueiros entre as chaminés da Londres da "grande indústria". Caminham pelas ruas cantando antigas canções folclóricas alemãs: *Oh, Estrasburgo, cidade maravilhosa*... Quando o coral de emigrados se cala, Marx explica o desenvolvimento econômico da história da humanidade para seu futuro genro Lafargue.

O Capital sai em 1867, pela gráfica Meissner de Frankfurt. Uma sentença da *Divina Comédia* fecha o prefácio da 1ª edição: *Segui il tuo corso, e lascia dir le genti!* (Segue o teu caminho e deixa a gentalha falar!) O Marx aforístico bebe em Shakespeare, em Dante e em Hegel...

Mas existia uma questão precisa sobre a qual importava, e muito, o que as pessoas falavam. Era a "questão Hegel". Vinte anos antes, no auge da bajulação a Hegel, Marx ironizara essas devoções. Agora que *O Capital* estava editado em seu primeiro volume, era o momento propício para um "novo ajuste de contas".

A oportunidade apareceu quando saiu a 2ª edição do primeiro volume, em 1873, em Londres. Fui eu, lembra então Marx no Prefácio dessa edição, que ataquei o que a dialética de Hegel tinha de mistificadora. Não era acaso mistificação dizer que era o processo de pensamento quem criava o real? Eram os anos 40.

Mas, nos anos 60, comprova Marx, a moda se invertera. Qualquer medíocre enfatuado acreditava-se no direito de xingar Hegel, o "grande pensador". Era então o momento de render homenagem ao mestre.

Dirá Marx que foi Hegel o primeiro a apresentar a dialética como um método de conhecimento que partia da identificação das "formas gerais de movimento da realidade". Só que ele tinha feito isso dando à dialética um invólucro místico".

Isso justificaria tratar Hegel como "cachorro morto"? Nada disso, mas justificaria, sim, pôr a dialética de Hegel "sobre seus pés", dando ao real histórico o lugar que em Hegel ocupava "a vida do conceito", a realidade das idéias. Todavia, Marx não apenas colocou a dialética "idealista" e mística de Hegel sobre bases "materialistas" e racionais, mas anunciou que iria realizar esse mesmo movimento empregando uma alegoria ("pôr sobre os pés", "colocar sobre a razão") que conservava vínculos não muito remotos com as próprias formas de expressão de Hegel. "Na Revolução Francesa, explicava Hegel, os homens da Convenção tentaram pela primeira vez desde Anaxágoras subverter a noção de mundo, colocando este sobre a razão."

Marx "invertia" a dialética de Hegel e empregava para explicar esta "inversão" uma alegoria tomada do próprio Hegel!

Quando tinha 15 anos, no Liceu de Trier, o adolescente Karl, de quem ninguém suspeita que seria o Mouro que escreverá *O Capital*, recebe uma muito precisa observação do professor de filosofia Johann

Hugo Wyttenbach. "O aluno Karl Marx padece de uma busca exagerada de expressões insólitas e pitorescas." Mas o batalhão de metáforas de sua adolescência o acompanhou até o fim. Marx nunca deixou de flertar com a linguagem de Hegel, e depende do que se pense da importância dos flertes para julgar com mais atenção a verdadeira relação Hegel—Marx.

Em *O Capital*, o capítulo inicial é uma paródia que homenageia Hegel do princípio ao fim. Deita e rola com a linguagem hegeliana na sua apresentação da teoria do valor. Quando diz que a mais simples expressão do valor,

20 metros de linho = 1 casaco,

isso já requeria mobilizar a aparelhagem conceitual do mestre Hegel. O flertador Marx vê nesse *casaco* uma manifestação do *trabalho concreto* do alfaiate. Esse trabalho concreto é apenas a forma em que um alfaiate — para realizar um casaco — aplicou um outro tipo de trabalho, o *trabalho abstrato*, semelhante ao trabalho do próprio tecelão que tratou do linho. Mas é "outro tipo"? Não, na verdade o trabalho específico do alfaiate é a forma em que se realiza o o trabalho abstrato humano. Esse trabalho concreto para fazer o casaco, porém, Marx trata como manifestação dialeticamente "oposta" ao trabalho humano em geral. O concreto oposto ao abstrato. É este trabalho abstrato que cria as relações sociais através das trocas: o valor das mercadorias, assim, é social e representa a quantidade de trabalho nela contida. Isto é, o valor é medido pelo tempo social de trabalho necessário dispendido na mercadoria.

O trabalho abstrato em geral, o trabalho humano generalizado, permite as trocas e a conseqüente formação do valor porque ele é mensurável em quantidades de tempo. *Valor de troca* é uma expressão equivalente a dizer *sociedade, ser social*. O trabalho humano funda e fundamenta as sociedades. Marx explica isto apelando para a linguagem de Hegel: vendo uma "coisa" que se "realiza" em outra "coisa".

Mas essas brincadeiras com a herança pelo menos lingüística de Hegel adquirem grande esplendor no finalzinho do capítulo 1 de *O Capital*, no tema denominado *o fetichismo da mercadoria.*

A própria afirmação de que 20 metros de linho pode ser trocado pelo valor equivalente de um casaco envolve um enigma, disse Marx. O que vem a ser esse casaco? Uma forma do valor, na qual o trabalho concreto do alfaiate deve ser considerado manifestação do trabalho humano em geral. Mas o casaco, considerado como mercadoria, adquire características misteriosas. Qual é o seu "segredo"?

Eis aqui: as mercadorias são produto das relações sociais entre os produtores. Mas as próprias mercadorias *encobrem* seu caráter de produto social através da crença ideológica de que elas é que deteriam as propriedades sociais originadas no trabalho dos produtores. Como se um casaco gerasse seu próprio valor assim como gera calor. O fetichismo — esse mistério que disfarça o real caráter do trabalho — é inerente à mercadoria. Esta, por sua vez, é própria do desenvolvimento histórico do capitalismo.

E na Idade Média? Existia esse encobrimento do caráter *social* do trabalho? Não, nela o trabalho e seus produtos são o que são: relações sociais imediatas. As relações de dependência mútua através de serviços e tributos coincidem, na Idade Média, com as próprias relações visíveis e diretas entre as pessoas. Não há "dissimulação". O caráter social do trabalho se confunde aí com o exercício concreto dos serviços pessoais. A "idade das trevas"? Sim, mas nela não há "fetichismo da mercadoria". Isso diz Marx em *O Capital*.

Dizer isso nos dá um Marx bem diferente daquele, que fazia a apologia do papel transformador das forças produtivas (como no *Manifesto*). Nas mãos da burguesia, as forças produtivas destruíam "véus e mistérios" nas relações de produção anteriores ao capitalismo. No *Manifesto*, a idéia de revolução estava presa ao desenvolvimento das forças produtivas. Bastaria elas se desenvolverem, para criar seus próprios coveiros. Esses burgueses donos das forças produtivas tornavam-se então feiticeiros que dirigiam contra si o feitiço! Revolucionavam tudo até que a relação social criada por eles mesmos, entre burgueses e proletários, revelava-se como um entrave para o prosseguimento da revolução. *Aí, a revolução assumia a forma do proletariado, depois de ter assumido a forma das forças produtivas*. Sem sabê-lo, a burguesia trabalharia contra si mesma. Ardilosamente, a velha toupeira da Razão comandava o espetáculo, depositando a tocha revolucionária no último destinatário, o proletário que aboliria seus senhores abolindo-se como escravo: ou seja, suprimindo-se ele mesmo no ato de suprimir a diferença que o tinha criado.

Para poder dizer tudo isso, a Idade Média precisava ser uma fantasmagoria, um entrave, um véu, um misterioso empecilho que devia desaparecer para permitir o assalariamento do trabalho, as ferrovias e as finanças internacionais.

Com a análise do fetichismo da mercadoria, no final do capítulo 1 de *O Capital*, quebra-se porém a visão linear da história. A Idade Média não é mais sombria. Fetichismos? Não teve. Mas aqui estamos diante do Marx que ao invés de analisar a história através da *produção material*, analisa a história através das *ideologias. Enquanto as forças produtivas quebram todas as "represas sociais" que encontram em seu caminho, as ideologias realizam justamente o movimento contrário*. Elas preservam a ordem existente declarando-a natural, sem fissuras. Eternizam o que já está dado. Daí que, do ponto de vista das ideologias surgidas da produção material, a Idade Média não tinha a religião das mercadorias, efetivamente mais forte que o cristianismo, do qual acaba sendo o modelo.

A crítica ao fetichismo é a crítica às ideologias de encobrimento. É o produtor direto quem deve fazê-la, o homem de uma sociedade de produtores livres. A crítica à Idade Média é o capitalismo quem faz. A história aqui tem estágios, momentos de superioridade com relação ao que fica atrás. Mas não é que a crítica das ideologias deixa a Idade Média em boa situação? Nela ninguém engana o produtor direto *a partir do próprio sistema econômico*, pois todos sabem o que fazem e para quem trabalham. Que existam ordálias, monjes desvairados e sacerdotes punidores é uma outra questão, que não diz respeito às ideologias específicas do modo de produção.

A crítica à mercadoria tornada feitiço religioso do capitalismo, então, não se realiza no próprio processo histórico evolutivo. Realiza-se contrastando a vida social do produtor livre com o produtor que perde o domínio sobre o que produz, ficando subordinado ideologicamente ao produto. Esta crítica ainda parece conservar traços formais da mesma operação que Marx anuncia no prólogo de *O Capital* para reaproveitar a dialética de Hegel: aceitar seu "núcleo racional" expulsando seu "invólucro místico".

Trazer o místico para o racional: eis a tarefa própria da Razão, mais do que da dialética. Com a mercadoria e com mestre Hegel, Marx parece realizar a mesma operação: tirar a casca irracional e aproveitar a essência racional. Mas na verdade na mercadoria nada é reaproveitável. As mesas devem ser mesas e não pedaços de madeira que dançam e pensam por si mesmos. A crítica da mercadoria converte as mesas em objetos úteis, porém em madeiras mortas: é o que verdadeiramente são. Mas a crítica a Hegel não o

CACHORRO MORTO

converte em *cachorro morto*. Na crítica às mercadorias a dialética deixa seu lugar para a Razão. Na crítica a Hegel, a razão se torna propriamente dialética.

CAPÍTULO 10

ESTRANGULADORES DE LONDRES

> *Quando o pânico produzido pelos estranguladores atingira uma certa intensidade...*
>
> (K. Marx, no Manifesto Inaugural da
> Associação Internacional dos Trabalhadores,
> Londres, 1864)

A Associação Internacional dos Trabalhadores (AIT) foi fundada na Londres de Edgar Allan Poe e da *City*, com seus mistérios policiais e sua infernal atividade financeira.

Reformistas, utopistas e revolucionários de todas as ênfases e correntes de pensamento européias confluem babelicamente na Londres de 1864 para fundar essa Primeira Internacional. Convivem cartistas e owenistas ingleses, mutualistas franceses proudhonianos, seguidores alemães de Lassalle, mazzinianos da Itália e anarquistas de Bakunin. Entretanto, os lassallianos não se mostram entusiasmados com o papel preponderante que "os homens de Marx" e o próprio Marx têm na Internacional. Os partidários de Mazzini têm um outro problema: a legislação italiana proíbe associações internacionais. Eles devem ingressar então comprando por um *shilling* uma carteirinha individual de aderente. Mas nem sequer uma minúscula moeda inglesa poderia demover muitos lassalianos ou proudhonianos (Lassalle e Proudhon faleceram pouco antes) de entrar numa organização cujos estatutos e declaração inaugural tinham a inconfundível marca da escritura de Karl Marx. Um Marx porém cuidadoso de "não fechar as portas a ninguém".

Na Declaração Inaugural Marx menciona um episódio de feições policialescas na vida cotidiana de Londres: os estranguladores que apavoravam toda a cidade. Eles não apenas inspiravam uma inesgotável literatura — o nascente romance e conto policial — como figuravam agora no primeiro documento orgânico do proletariado internacional. No caso, para apontar que a investigação parlamentar motivada pelo estrangulador de Londres também desvendava as paupérrimas condições de vida nos distritos operários.

Relatórios de saúde pública e sobre trabalho infantil permitem que Marx trace um quadro da miséria do trabalhador em contraste com as estatísticas de impostos de renda, que demonstram a situação das classes abastadas. É o Marx que se documenta com rigor para exprimir sua tese principal: enquanto as forças produtivas se desenvolvem impetuosamente, a miséria das massas aumenta em proporção inversa. Isso porque esses progressos materiais se dão dentro de um invólucro de relações sociais injustas, falsas.

Marx escreve para Engels — este permanece em Manchester, conduzindo penosamente a contabilidade da fábrica Ermen & Engels — e diz que redigiu a Declaração Inaugural agindo *fortiter in re, suaviter in modo*, isto é, marcando com força as coisas que era necessário dizer, mas suavizando o modo de dizê-las. "Há passagens na Declaração sobre o dever, a justiça, o direito, a verdade, a moral, etc., colocadas porém de tal forma a não prejudicar o conjunto", diz Marx. Eram esses os temas dos igualitaristas e socialistas utópicos do vasto caleidoscópio de ideologias dessa Europa operária, com as quais Marx se dispõe a conviver *suaviter in modo*.

E nesta Internacional que nasce na Europa dos trabalhadores — que é também a Europa onde a Alemanha se unifica sob Bismarck, onde Luís Bonaparte III é ferido de morte pela aventura de Maximiliano no México e onde Garibaldi tenta a derrubada de Roma — começa o inacabável confronto de Marx com os reformistas ingleses, com os mutualistas e federalistas proudhonianos e com os utopistas de todo tipo. As portas dessa Internacional estão tão abertas que alguém chega a propor até que os delegados sejam apenas trabalhadores manuais. Um disparo no coração intelectual do Mouro! Ele que fora o principal idealizador da organização.

E ainda nem tinha terçado lanças com Bakunin. O corpulento russo reapareceu depois de suas andanças pela Itália. Considerava "intrigantes e vaidosos" os homens de Marx na Internacional, a começar pelo próprio Marx, embora em outra ocasião o tivesse chamado de sábio. O espírito centralizador de Marx e suas apologias ao "desenvolvimento da maquinaria" chocavam-se com o apelo bakuniano à "energia elementar das massas populares".

A discussão sobre o direito de herança separou definitivamente os dois revolucionários. Bakunin pensava que suprimindo esse direito iriam se desarmar as linhagens patrimoniais da sociedade capitalista. Para Marx isso era apenas apontar para simples efeitos jurídicos da propriedade privada, que só conseguiam apavorar os pequenos proprietários e os camponeses. No Congresso de Basiléia, com Marx ausente, vota-se a questão. A tese de Bakunin: 32 votos. A tese de Marx: 23. Abstenções: 13.

Na Declaração de 1864 da Internacional — lida no ato do Saint Martin's Hall em Londres — Marx escrevera que os operários necessitavam dominar eles mesmos "os mistérios da política internacional". A política exterior sempre condicionava as lutas operárias e Marx os chamava a "decifrá-la", tal como em *O Capital* ele tratara do desvendamento do "segredo das mercadorias" através da reivindicação dos produtores diretos. Mistérios, no caso das políticas exteriores das nações européias, traficados entre imperadores e primeiros-ministros. Era preciso se desvencilhar das mistificações diplomáticas mas, conforme o caso, era necessário saber ver nelas o lugar onde estouravam *sinais*. Sinais revolucionários que emergiam dos conflitos entre as burguesias nacionais, mas que em sua potencialidade revolucionária passavam despercebidos para as chancelarias, imperadores e chefes de gabinete, que apenas pensavam em defender seus próprios interesses de classe sem procurar saber até que ponto isso desencadeava as verdadeiras forças revolucionárias que estavam presas, esperando o quadro histórico preciso para emergir. Assim, a classe operária seria a beneficiária final e racional dos movimentos políticos cujos ignorantes sujeitos podiam ser príncipes conquistadores ou Estados expansionistas.

A Guerra Franco-Prussiana de 1870 será o motivo destes exercícios de deciframento de segredos e mistificações. Um dia antes da declaração de guerra de Bonaparte a Bismarck, escreve Marx a Engels: "Se os prussianos vencerem, a centralização do Estado favorecerá a centralização da classe operária. Além disso, a supremacia alemã deslocará o centro de gravidade do movimento operário do Ocidente da Europa, da França para Alemanha, e basta comparar o desenvolvimento de ambos os países para se convencer de que a classe operária alemã está acima da francesa, tanto em teoria como em organização. O triunfo da primeira sobre a segunda representará ao mesmo tempo um triunfo de nossa teoria sobre a de Proudhon".

A batalha contra Proudhon — uma devoção que nunca cessava — parecia agora encontrar substitutos vicários para seu prosseguimento no exército de Bismark, o Chanceler de Ferro, em luta contra o exército de Luís Bonaparte III, o *Boustrapa*. Mas os verdadeiros combatentes que importavam para a História não eram esses. Novamente a "astúcia da História", que governava os objetivos derradeiros enquanto a cena se cobria com fumaças de guerra, determinava que detrás dos fantasmas guerreiros fossem outras as conseqüências verdadeiras que esperavam para sair à luz. Da vitória fútil de algum desses inconscientes exércitos iriam se aproveitar realmente a teoria de Proudhon ou a teoria de Marx. Isso, um quarto de século depois de escrita a *Miséria da Filosofia*.

Depois dessa luta entre *Boustrapa* e o Chanceler de Ferro — da qual surgiu a Comuna de Paris, que não era nem a vitória de Marx nem a de Proudhon —, a Internacional, no seu sétimo aniversário, escuta uma proposta: construir um exército do proletariado. É de Marx a proposta. Com isso, os ingleses das *trade-unions* já nada têm a fazer aí. Ao mesmo tempo, continuavam as diferenças com os bakunianos, cada vez mais profundas. Eles se recusavam a participar de lutas políticas, considerando que estas geravam um novo autoritarismo a pretexto de combater o autoritarismo anterior. Tratava-se então de realizar "lutas sociais". Quanto a isso Marx acentuava a posição já estampada no *Manifesto*: a organização do proletariado em partido. Os *communards* — os combatentes da Comuna de Paris, vencidos — faziam agora parte da Internacional. Os blanquistas, sobretudo, apoiavam Marx, que sempre preservara a figura de Blanqui, o legendário insurreto francês.

Quando os insuportáveis confrontos tornam inoperante a Internacional, Marx e Engels propõe o translado da organização para os EUA, para subtraí-la da influência bakuniana. Os blanquistas não concordam com isso. Mas a Internacional vai para o Novo Mundo. Lá, em Filadélfia, se dissolve em 1876.

Marx, já morando em sua nova casa de Maitland Park Read, no nº 41, segue atentamente o movimento operário e as crises no continente. Ainda critica os lassallianos que em 1875 aprovaram o Programa de Gotha. Lassalle, com quem Marx mantinha diferenças estético-políticas (porque, no primeiro caso, o líder operário alemão escrevia peças de teatro desagradando o gosto shakesperiano de Marx, no segundo caso, por suas alianças com Bismark), morrera num duelo cavalheiresco disputando o amor de uma dama. O "Estado popular livre" de Lassalle escondia, para Marx, uma aliança do operariado com a aristocracia fundiária alemã contra a burguesia democrática.

Nesse período, Marx estudava geologia, botânica e até teoria dos adubos para redigir os capítulos sobre a renda da terra de *O Capital*. O primeiro volume estava saindo em fascículos na França e já estava traduzido para o russo. A censura czarista julgou que não era preciso se inquietar com um livro que possuía "forma de demonstração científica de caráter matemático".

Os censores do czar atribuíam à obra justamente

o caráter científico que Marx queria que se visse nela. Ao contrário, muitos de seus simpatizantes não deixavam de desesperá-lo. O Mouro sempre observava com prevenção um Jules Guesde, por exemplo, que criava o Partido Operário Francês sob orientação de Marx mas nunca deixava de falar sonhadoramente do socialismo como uma "Idade de Ouro". Não compreendia cabalmente o "caráter científico" de O Capital.

Karl Marx tinha pensado a Internacional com "portas abertas". Todos os pensamentos operários da época estavam nela representados — utopistas, moralistas, messiânicos — e ele pensava derrotá-los teoricamente em vitoriosos debates, em que O Capital imporia seu prestígio explicativo.

O Capital era o livro de um exilado, escrito graças ao auxílio de um exilado ("*full of thanks, Fred*", escreve Marx a Engels, quando os manuscritos estão prontos) e dedicado a um exilado, o operário Wilhelm Woolf, um amigo do Mouro dos primeiros tempos da Liga dos Comunistas, falecido em Londres. Para muitos dos combatentes operários dessa época, o livro era menos portador de uma "vitória científica" do que testemunha do raro talento de um homem que convertia em estudo e rigor analítico as duras condições de vida proporcionadas por esse longo exílio que nunca acabava.

CAPÍTULO 11

O MANTO SAGRADO DE TRÈVES

> *O culto do Manto Sagrado de Trèves, Luís Bonaparte III o repete em Paris, sob a forma do culto ao manto imperial de Napoleão.*
>
> (K. Marx, *O Dezoito Brumário de Luís Bonaparte*, 1852)

O Dezoito Brumário é encerrado com duas curiosas observações. Na primeira, Marx diz ironicamente que Luís Bonaparte III repetia em Paris o culto ao Manto Sagrado de Trèves, (a mesma Trier de Marx, em francês), mas "sob a forma do culto ao manto imperial de Napoleão". O Manto Sagrado de Trèves era uma pseudo-relíquia que os padres da cidade trouxeram bombasticamente para a Catedral de Trèves, em 1844. Desse episódio acontecido na sua cidade natal Marx conservava uma zombeteira lembrança.

Esta referência ao manto é a única vez que o nome da cidade de nascença é mencionado por Marx na sua obra pública. A referência é mordaz, e coroa um de seus escritos mais ridicularizadores, precisamente esse *O Dezoito Brumário*, que nada deve em caudal irônico a *A Ideologia Alemã.*

A outra observação é esta: a paródia do manto de Trèves, que patentizava o culto ao "manto imperial de Napoleão", alusão à tentativa de Luíz Bonaparte III de reconstruir o Império, permitia supor que o último Bonaparte não era senão uma cópia estapafúrdia do primeiro. "Mas quando o manto imperial cair finalmente sobre os ombros de Luís Bonaparte, a estátua de bronze de Napoleão ruirá do topo da Coluna Vendôme". Com esta frase terminava *O Dezoito Brumário*. Com Luís Bonaparte III investido imperador seria o começo do fim. É isso que Marx quer dizer.

Julgava assim ter feito uma profecia, a única que brincalhonamente se atribui de forma explícita. É que em meados de junho de 1871, Félix Pyat, um jacobino que compunha a Comissão Executiva do Governo da Comuna de Paris, inspirou o decreto que dispunha a derrubada da Coluna Vendôme. No topo dessa coluna estava a estátua de Napoleão I, fundida no bronze dos canhões da campanha italiana. Era considerada pelos socialistas e jacobinos franceses como o máximo "monumento ao militarismo".

Derrubar a coluna foi um dos últimos grandes atos políticos da Comuna de Paris. O governo dos *communards* tentou gerir Paris com critérios federalistas e autonomistas. Durante os três meses de sua gestão — março, abril e maio de 1871 — hesitou entre uma democracia eleitoral de autogestão social e uma política militar capaz de tomar a iniciativa e ocupar

Versalhes, o quartel-general da França conservadora. Os alvos que os *communards* escolhiam para manifestar sua visão do mundo estavam menos ligados às instituições do capitalismo do que às simbologias da antiga ordem política que abrigava a cidade de Paris. Derrubar colunas, dinamitar monumentos urbanos, tomar um bispo como refém (enquanto o Barão Rostchild permanecia sem ser incomodado na sua residência de Paris) eram atos inaugurais de um mundo novo intimamente ligado à maioria jacobina que inspirava os atos do governo da Comuna. Quando em 1871 a Coluna Vendôme foi ao chão, entre toques de clarim da Guarda Federada, que agitava bandeiras vermelhas enquanto se dançava na praça, parecia ser esse um acontecimento da realidade que se inseria providencialmente no corpo do texto de *O Dezoito Brumário*, escrito em 1852. Marx percebe isso. Mas como a derrubada do Napoleão de bronze seria uma "prolongação simbólica" do que ele tinha escrito (antecipado?) quase vinte anos antes? Da única forma em que podia sê-lo, da única forma em que evitaríamos dizer que Marx era um premonitório desenhista da política francesa, um profetizador da extensão do capitalismo inglês mundo afora e um prestidigitador da filosofia alemã. E essa forma consiste só em situar o texto chamado *O Dezoito Brumário* como uma tentativa de identificar a *força ideológica do passado* (semelhante à força imobilizadora do fetichismo da mercadoria) através de uma personagem arquetípica: Luís Bonaparte III, sobrinho de Napoleão I, *tal sobrinho para tal tio*. A personagem é tratada precisamente com uma certa influência de Shakespeare, evocando os "cenários falstaffianos" que tanto Marx como Engels viam como os mais aptos para representar os "tipos concretos, singulares e históricos". Os indivíduos não deviam ser meros porta-vozes do espírito da época, acredita o Mouro, mas devem estar submetidos como singularidades típicas às determinações do drama histórico. Em *O Dezoito Brumário* podemos perceber claramente as vacilações de Marx entre o tratamento *político* e o tratamento *estético* da personagem. Daí a sedução que este texto continua exercendo, e daí também a inconveniência de torná-lo um instrumento de canonização de conceitos políticos. Quando considerada politicamente, a figura paródica e mistificadora de Luís Bonaparte III devia ser teoricamente aniquilada pela razão na História sem que nada se aproveitasse dela. Quando tratada esteticamente, essa mesma figura adquiria um tom e uma consistência próprias: um indivíduo que se torna agente imperfeito da História e conflitua sua consciência na contradição de querer representar os homens do presente ao mesmo tempo que sabe que deve cultuar lembranças do passado no altar imemorial da nação.

Mas *O Dezoito Brumário* adquire sua verdadeira significação quando observado a partir da gesta protagonizada por aqueles que derrubaram, na realidade histórica, a mesma Coluna Vendôme que Marx derrubara 20 anos antes na realidade do texto.

A antítese direta do Império era a Comuna, diz Marx em *A Guerra Civil na França*, o conjunto de declarações publicadas pela Internacional "ao calor dos acontecimentos" de 1871. É necessário ver entretanto até que ponto essa *antítese* também continha elementos semelhantes aos do mundo "que se acabava de deixar", tal como tinha dito um dos comandantes da Comuna, o jovem Rossell, ex-artilheiro do Império e transitório chefe militar dos proletários de Paris.

De início, Marx duvidou do triunfo. Derrotado Luís Bonaparte por Bismarck no campo de batalha de Sedan em 1870, Marx recomenda que os trabalhadores utilizem as liberdades democráticas que se instauram na cidade de Paris para se organizarem melhor. O Mouro era totalmente contrário a que os trabalhadores de Paris repetissem experiências do passado. O proletariado e a pequena-burguesia estavam influenciados por Blanqui, pelos jacobinos, pelos proudhonianos, pelos herdeiros dos *enragés* de Hérbert, de Chaumette, enfim, dos nostálgicos de Babeuf, de Robespierre ou de Danton. A todos eles Marx — quase sem aliados em Paris, exceto Frankel e Lafargue — conclama: "Não deixar-se levar pelas rememorações de antigos combates". Temia que os revolucionários de 1871 paralisassem sua prática real oprimidos pelas recordações retumbantes da Comuna de 1792, no primeiro período da Revolução Francesa. A argumentação do Mouro, assim, atribuía à Comuna precisamente as mesmas características de *rememoração ideológica capaz de congelar a História do presente* que observava tão severamente no ciclo bonapartista. Cada um tinha seus próprios espectros do passado capazes de dissolver a vida real na fossilização da memória. Bonapartistas e operários de Paris... todos estavam com o cérebro voltado ao hieróglifo esmagador dos fantasmas gloriosos que teimavam em não deixar aberto o caminho da modernidade.

Mas é certo que em *A Guerra Civil na França* Marx escrevera uma densa apologia da luta *communard* e fizera uma decidida afirmação de que a Comuna era a "forma final finalmente descoberta" da luta de classes. Até se empolgou com a tese da "destruição do aparelho estatal", que não costumava fazer parte do arsenal das categorias políticas do Mouro. Não poucos dissabores custou-lhe na Internacional ter assumido essa definição, que há anos reluzia no linguajar de Bakunin.

O "segredo" da Comuna, concluiu Marx, foi o de ser um governo de operários. Ah, este Marx desvendador de segredos! Desvendar o segredo da mercadoria levou-o a descobrir o tempo social de trabalho como gerador do valor. Desvendar o da Comuna levou-o a descobrir o governo proletário. Pode-se compreender facilmente por que para este desvendador dos enfeitiçamentos ideológicos da realidade era tão grave, tão perigoso, tão insuportável, que o próprio movimento dos operários, destinado naturalmente a criar a sociedade dos produtores livres, caísse também nas armadilhas da ideologia e da utopia. Mas também se compreende por que Marx sempre aparece ligado, seduzido por uma linguagem teatral e colorida.

Era o Marx que testava exorcizar fantasmas, desvendar-lhes os "segredos", expulsar da vida social um passado convertido em símbolo vazio a se enfrentar com os seres vivos. Tal como o capital se enfrentava ao trabalho.

As realizações técnicas do capitalismo seriam herdadas pelo proletariado e pela humanidade. Afinal, o capital não era senão um arranjo histórico, uma relação social. Entretanto, as ideologias, fetiches e demais hieróglifos da consciência burguesa deviam desaparecer. Nem sequer se devia "invertê-los", tirá-los das nuvens e colocá-los no chão. Não, drasticamente, era preciso eliminar todos os enfeitiçamentos.

Mas qual é a situação de qualquer autor a respeito de suas personagens? Se esta pergunta é aceita pelos problemas que cria mais do que pelas questões que resolve, então não se podem ignorar os feitiços e jogos de miragens que Karl Marx pôs à serviço de uma linguagem destinada, justamente, à destruição das miragens na realidade do mundo.

INDICAÇÕES PARA LEITURA

Ler Marx: ele é leitura, hoje, dos meios acadêmicos e em alguns ambientes políticos. Em ambos os casos, são restritas e acanhadas as leituras que se realizam. Salvo o impacto, já desvanecido, dos projetos de leitura de Marx que se desenvolveram nos meios políticos e acadêmicos franceses na década de 60, muito pouca novidade temos hoje a respeito do "Marx lido", a não ser o corriqueiro primeiranista de ciências sociais que percorre as primeiras páginas de *A Ideologia Alemã* ou o pós-graduando que se embrenha no *Grundisse*, com o mesmo espírito, entre ingenuamente cativado e tardiamente crítico. A edição de *O Capital* para se vender em bancas — um importante acontecimento editorial — fecha o círculo no Brasil da incorporação de Marx nos cursos de ciências sociais e econômicas e definitivamente o reconcilia com uma massa estudantil em geral bem disposta. Nada disso, paradoxalmente, teria desagradado Marx.

No entanto, a questão dos "projetos de leitura" de Marx já estiveram na ordem-do-dia na época de edição de *O Capital*, e foram assuntos tratados com dedicação — e preocupação — pelo próprio Marx. Nos prólogos da primeira e segunda edição dessa obra, diz que excetuada a parte sobre o valor — aquela em que flerta com Hegel — ninguém poderia alegar dificuldades de compreensão do resto do livro. Alegra-se, por outra parte, de que *O Capital* tivesse encontrado uma rápida compreensão nos círculos operários alemães, imaginando que a grande filosofia alemã, outrora patrimônio das classes cultas, agora era efetivamente herdada pelo proletariado.

Mas o que ele saudava nos operários alemães podia deixá-lo em dúvida com respeito aos operários franceses. Temia que eles se enfastiassem com o livro, na pressa por chegar às questões imediatas, querendo atravessar rapidamente os espinhos da parte inicial, mais teórica. Por que essa preocupação? Porque a primeira edição francesa seria publicada em fascículos (veja-se o que perderam os que botaram Karl Marx nas bancas de corpo inteiro!). Leitores apressados, então, podiam se desencorajar ao ver as complexidades do "fetichismo da mercadoria", por exemplo, em um primeiro fascículo vendido pelos bulevares de Paris. Marx aprovava, porém, e até empolgava-se com a idéia dos fascículos. Finalmente, isso poderia fazer com que o livro fosse "mais acessível à classe trabalhadora, e para mim importa mais esse motivo que qualquer outro" (isto é: o possível esfacelamento da obra).

Estamos muito longe de tudo isso. Ainda pairam as suspeitas que Antonio Gramsci forjou em pleno 1917, quando calculou que *O Capital* na Rússia era leitura acadêmica, totalmente alheia aos acontecimentos que nessa data sacudiram a cidade de Petrogrado. É necessário saber se nestes tempos que correm ainda veremos algum outro projeto mais atrativo de leitura de Karl Marx. Talvez ele esteja sendo forjado em alguma parte. Seria bom. Deveria ser um projeto de leitura ajustado à nossa época e às nossas circunstâncias, o que não quer dizer que a ressonância de certas frases do Marx escritor — nem tanto do "pesquisador científico livre", conforme gostava de se definir — não devam ser recebidas ainda agora com o delicioso sabor que tem qualquer construção literária que já ganhou estatuto de atemporalidade.

Circulam no Brasil alguns livros calorosamente recomendáveis para o leitor de Marx, iniciante ou não, preocupado ou não em lê-lo à altura do pesado intervalo secular que nos separa dele. Isto enquanto o novo projeto de leitura não vem.

Em princípio, há a coletânea organizada pelo **professor Florestan Fernandes** (*Marx-Engels,* Editora Ática, 1983), com um mais do que excelente prólogo do mesmo Florestan, além de contar com traduções de primeira qualidade, o que não é freqüente no caso de Marx. O leitor que está agora com este livro em suas mãos merece que se advogue em seu favor remetendo-o para essa coletânea, por muitos motivos definitiva, de Florestan Fernandes.

Um serviço à mesma altura, eficiente e sensível, presta o volume dedicado a Marx pela coleção *Os Pensadores* da Ed. Abril. Traduzido com delicadeza e grande carinho, ele contém alguns clássicos — *O Dezoito Brumário* — e algumas outras leituras habitualmente menos disponíveis, que preenchem um vácuo na bibliografia marxista.

Com esses dois livros, qualquer leitor desejoso de tomar contato com Marx — como iniciante ou não — tem o germe de uma satisfatória biblioteca marxiana. Falta aproximar esses mesmos leitores de um velho livro sobre a vida de Marx, que não perdeu a atualidade, escrito com finura e profunda compreensão de sua figura. Trata-se de *Marx, o Fundador*, de Franz Mehring, não traduzido para o português. Já a biografia escrita por Auguste Cornu, que em muitos aspectos substitui perfeitamente Mehring, tem tradução portuguesa.

CRONOLOGIA

1818
— Em Trier, no Reno, nasce Marx, filho de Heinrich e Henriette Marx.

1836
— Estudos jurídicos na Universidade de Berlim. Noivado com Jenny Westphalen.

1843
— Chefe de redação da *Gazeta Renana*, em Colônia. Casamento. Fechamento do jornal e mudança para Paris. Amizade com Heinrich Heine.

1844
— Aparição dos *Anais Franco-Alemães*, de Marx e Ruge. Anotações sobre filosofia e economia, depois conhecidas por *Manuscritos Econômico-Filosóficos de 1844*. Colaboração no jornal alemão (editado em Paris) *Vorwaerts*. Encontro e colaboração com Engels em *A Sagrada Família*, contra os Jovens Hegelianos. Ordem de expulsão da França. Ruptura com Ruge e viagem a Bruxelas.

1845-47
— Em Bruxelas. Preparação dos manuscritos de *A Ideologia Alemã*,

KARL MARX

com Engels. Polêmica com Weitling. Criação do Comitê de Correspondência Comunista. Ruptura com Proudhon. Edição francesa da *Miséria da Filosofia*. A Liga dos Justos transforma-se em Liga dos Comunistas. Preparação do *Manifesto do Partido Comunista*.

1848-49
— Revoluções na Europa, na França, Alemanha, Áustria e Itália. Passagem por Paris e viagem a Colônia. Nesta cidade, publica-se a *Nova Gazeta Renana*. Fechamento do jornal. Viagem a Londres. Batalha de Rastatt.

1849-51
— Funda-se em Londres a Sociedade Mundial dos Comunistas. Polêmicas com partidários de Weitling. Penúrias econômicas da família Marx.

1852-53
— Estudos no Museu Britânico. Revista *Nova Gazeta Renana*. Publicação de *A Luta de Classes na França* e *O Dezoito Brumário de Luís Bonaparte*. Início da colaboração no jornal *New York Daily Tribune*.

1859-60
— Publicação de *Para a Crítica da Economia Política*. Pesquisa e documentação para a preparação dos manuscritos de *O Capital*.

1864
— Funda-se a Associação Internacional dos Trabalhadores em Londres.

1864
— Publicado o primeiro volume de *O Capital*, dedicado a Wilhelm Wolff.

1868-69
— Congressos de Bruxelas e Basiléia da Internacional. Polêmicas com proudhonianos e bakunianos.

1870
— Guerra Franco-Prussiana, queda de Luís Bonaparte III.

1871
— Comuna de Paris. Declarações da Internacional, redigidas por Marx, conhecidas como *A Guerra Civil na França*.

1872
— Congresso de Haia, da Internacional. Ruptura com Bakunin e mudança da Internacional para Nova York. Dissolve-se em 1876, na Filadélfia. Tradução russa de *O Capital*.

CRONOLOGIA

1875
- *Crítica ao Programa de Gotha*, do Partido Operário Alemão (não publicado nessa data). Conclui a publicação da edição francesa do 1º volume de *O Capital*, em fascículos.

1876
- Continuam as viagens de saúde de Marx, em balneários da Bohemia e no Bosque Negro.

1881
- Morre Jenny Marx, esposa de Karl Marx, aos 67 anos. Correspondência de Marx com os populistas russos.

1882
- Viagem para a Argélia, Cannes, Montecarlo e Lausanne. Cura de banhos em Engheim.

1883
- Morte de Jenny, a filha maior. Dois meses depois, a 14 de março — morre Marx. "Quando com Helene Demuth, que cuidava de Marx, subimos à habitação — escreve Engels — Marx estava aí, deitado, dormindo, mas para não acordar nunca. O pulso e a respiração continuavam. Dois minutos depois expirou tranqüilamente e sem sofrimento." Cerimônia fúnebre e enterro no cemitério de Highgate. Discurso de Friedrich Engels.

SOBRE O AUTOR

Horacio González é doutor em Sociologia pela Faculdade de Filosofia, Letras e Ciências Humanas da Universidade de São Paulo (FFLCH/USP) e ex-professor da Fundação Escola de Sociologia e Política. Professor na Universidade de Buenos Aires e nas Universidades Nacionais de Rosario e La Plata (Argentina). Autor, co-autor e organizador de cerca de duas dezenas de livros, merecendo destaque, dentre sua produção brasileira, os livros editados pela Brasiliense em suas diversas coleções: *O que é subdesenvolvimento* e *O que são intelectuais* ("Primeiros Passos"); *A Comuna de Paris* ("Tudo é história"); *Karl Marx*, *Eva Perón* e *Albert Camus* ("Encanto Radical"). Na Argentina dirige a coleção "Puñaladas - Ensayos de Punta", da Ediciones Colihue. Dentre seus últimos livros publicados na Argentina, destacam-se: *Restos Pampeanos: Ciencia, Ensayo y Política en La Cultura Argentina del Siglo XX* (Colihue, 1999) e *La Crisálida: Metamorfosis y Dialéctica* (Colihue, 2001).

IMPRESSÃO:

GRÁFICA EDITORA
Pallotti
IMAGEM DE QUALIDADE

Santa Maria - RS - Fone/Fax: (55) 222.3050
www.pallotti.com.br
Com filmes fornecidos.